Daniel Gerbautz

Geplante Obsoleszenz als Konsumtreiber

Wie Hersteller die Nutzungsdauer ihrer Produkte verkürzen, um den Konsum zu lenken

Bibliografische Information der Deutschen Nationalbibliothek:

Die Deutsche Nationalbibliothek verzeichnet diese Publikation in der Deutschen Nationalbibliografie; detaillierte bibliografische Daten sind im Internet über http://dnb.d-nb.de abrufbar.

Impressum:

Copyright © Studylab 2019

Ein Imprint der Open Publishing GmbH, München

Druck und Bindung: Books on Demand GmbH, Norderstedt, Germany

Coverbild: Open Publishing GmbH | Freepik.com | Flaticon.com | ei8htz

Inhaltsverzeichnis

Abbildungsverzeichnis VI

Tabellenverzeichnis VII

1 Einleitung 1

2 Geplante Obsoleszenz – wie alles begann 3

3 Erklärung von Begriffen 5

    3.1 Obsoleszenz 5

    3.2 Werkstoffliche Obsoleszenz 5

    3.3 Funktionale Obsoleszenz 5

    3.4 Psychologische Obsoleszenz 6

    3.5 Ökonomische Obsoleszenz 6

    3.6 Nachhaltiger Konsum 6

    3.7 Der Markt 7

4 Hauptsächlich betroffene Produktgruppen 9

5 Nutzungsdauer – der Versuch einer Definition 10

    5.1 Die Nutzungsdauer 10

    5.2 Die Grundnutzendauer = Lebensdauer 10

    5.3 Die Wertdauer 10

    5.4 Die Existenzdauer 11

6 Verlängerung der Nutzungsdauer 12

    6.1 Wirtschaften in Kreisläufen (W.i.K.) 12

7 Verringerung des Nutzen eines Konsumgutes 14

8 Warum kauft der Konsument? 15

    8.1 Die Kaufentscheidung 15

8.2 Ist Glück und Zufriedenheit käuflich? 15

8.3 Das Genussstreben 17

8.4 Erlebnisdrang und Neugier 18

9 Die Aufgabe der Werbung 19

10 Die Macht des Verbrauchers 21

11 Was den Konsumenten glücklich macht 24

12 Werbefakten 25

13 Wirtschaftswachstum als Muss? – Steht der Konsument im Kaufzwang? 28

14 Kaufen ohne Kaufkraft – Die Erfindung der Ratenzahlung 29

15 Folgen des Verkaufes von Konsumgütern unter dem Wert 30

16 Nachhaltiger Konsum – Was kann jeder von uns tun? 31

16.1 Gebrauchtwarenbörsen 31

16.2 Gütesiegel 31

16.3 Sharing 32

16.4 Regionalität 32

16.5 Verlängerung der Nutzungsdauer 32

17 Zeitgerechtes Wirtschaftssystem – Ja oder Nein? 33

18 Der Weg zu einem nachhaltigen Wirtschaftsmodell 35

19 Geplanter Verschleiß und die ungleiche Verteilung von Vermögen 36

20 Verlängerung der Nutzungsdauer als nachhaltige Lösung? 37

21 Wie wirkt sich eine längere Nutzungsdauer auf die Gesamtwirtschaft aus? 38

22 Rohstoffgewinnung 2.0 39

22.1 Recyclinggerechtes Konstruieren 40

23 Exkurs: WKO Studie zur tatsächlichen Nutzungsdauer 41

24 Henry Ford und sein „Model T" - Eines der ersten Opfer moderner geplanter Obsoleszenz 43

25 Warum halten Produkte kürzer als früher? 44

26 Fragebogenauswertung 45

26.1 Haben Sie schon von geplanter Obsoleszenz gehört? 46

26.2 Wie geht der Konsument mit geplanter Obsoleszenz um? 48

26.3 Worin sehen Sie die Ursache für geplante Obsoleszenz? 49

26.4 Was kann als einzelner Konsument unternommen werden? 52

26.5 Was kann von Gesetzeswegen getan werden? 52

26.6 Welche Kriterien beachten Sie wenn Sie kaufen? (offene Frage) 54

27 Fazit und Zusammenfassung 55

Literaturverzeichnis 57

Abbildungsverzeichnis

Abbildung 1: Entwicklung „sehr glücklicher Menschen" 16

Abbildung 2: Einkommen und Glück weltweit (1999) 18

Abbildung 3: Pyramide nach Maslow 21

Abbildung 4: Werbeausgaben in Österreich 25

Abbildung 5 „Wie zufrieden sind Sie mit der Lebensdauer von Gebrauchsgütern im Allgemeinen?" 41

Abbildung 6: Wie lange benutzen Sie die folgenden Produkte normalerweise, bevor Sie diese ablegen/abstellen weitergeben oder entsorgen? 42

Abbildung 7: Verteilung der Teilnehmer nach Alter 45

Abbildung 8: Haben Sie schon von geplanter Obsoleszenz gehört? (Geschlecht) 46

Abbildung 9: Haben Sie schon von geplanter Obsoleszenz gehört (Ausbildung) 46

Abbildung 10: Haben Sie schon von geplanter Obsoleszenz gehört (Beruf) 47

Abbildung 11: Haben Sie schon von geplanter Obsoleszenz gehört (Wohngebiet) 47

Abbildung 12: Wie geht der Konsument mit geplanter Obsoleszenz um? (allg) 48

Abbildung 13: Worin sehen Sie die Ursachen für geplante Obsoleszenz? (ländl. Gebiet) 49

Abbildung 14: Worin sehen Sie die Ursachen für geplante Obsoleszenz? (städt. Gebiet) 49

Abbildung 15: Worin sehen Sie die Ursachen für geplante Obsoleszenz? (Studim/Matura) 50

Abbildung 16: Worin sehen Sie die Ursachen für geplante Obsoleszenz? (Lehre) 51

Abbildung 17: Was kann als einzelner Konsument unternommen werden? 52

Abbildung 18: Welche Folgen hat geplante Obsoleszenz? 53

Tabellenverzeichnis

Tabelle 1: Übersicht der betroffenen Produktgruppen 9

Tabelle 2: Historische Verteilung der Ausgaben privater Haushalte 23

Tabelle 3: Ländliches Gebiet 49

Tabelle 4: Städtisches Gebiet 50

Tabelle 5: Studium oder Matura 51

Tabelle 6 Lehre, Pflichtschule, Fachschule 51

Tabelle 7: Was kann von Gesetzeswegen getan werden? 53

1 Einleitung

Ein Großteil aller Menschen verbringt durchschnittlich 40 Stunden in der Woche mit Aufgaben, die er oder sie nicht freiwillig macht, sondern dafür eine Entschädigung für den, in Kauf genommenen Aufwand, erhält (Gehaltszahlungen). Diese kann er wiederum in Dienstleistungen und Waren eintauschen.

Es stellt sich die Frage: Ist der heutige Konsument oder die heutige Konsumentin noch frei in Entscheidungen betreffend Güter, die er oder sie beziehen möchte oder wird der „mündige Konsument" durch permanente Werbeeinschaltungen manipuliert und geben längst Konzerne vor, welche Güter konsumiert werden sollen?

Diese Entwicklung spielt auch für die Umwelt eine wichtige Rolle. Eine Möglichkeit den Konsum anzukurbeln, ist die Nutzungsdauer von Konsumgütern zu verkürzen. Das führt zu einer vermehrten Verschwendung an Ressourcen und zu einer vermehrten Entstehung an Abfall. Es ist offensichtlich, dass der Konsum, der in der in den wohlhabenden Teilen der Erde stattfindet, zu einem Raubbau an Ressourcen führt und so über Kurz oder Lang ein Mangel dieser erreicht sein wird. Setzt sich der Konsument mit dieser Problemstellung auseinander? Das Zahlungsmittel, welches er durch geleistete Arbeit erhält, stellt ein knappes Gut dar – somit sollte wohlüberlegt sein, wofür es eingesetzt wird. Je länger ein Konsumgut hält, desto mehr Nutzen würde es stiften. Das Phänomen, welches einer langen Nutzungsdauer entgegenwirkt, wird als „geplante Obsoleszenz" betitelt.

Erste Versuche einer Definition von geplanter Obsoleszenz findet man von Paul M. GREGORY in seiner Veröffentlichung „A Theory of Purposeful Obsolescence". In diesem Artikel wird geplante Obsoleszenz folgendermaßen definiert: *„Purposeful Obsolescene exists whenever manufacturers produce goods with a shorter physical life than the industry is capable of producing under existing technological and cost conditions, or whenever manufacturers or sellers induce the public to replace goods which still retain substantial physical unsefulness."*[1]

Wie zu erwarten, ist die künstlich erschaffene Nutzungsdauer längst bei den meisten Konsumgütern angekommen. Die große Frage ist jedoch, ob dieses Phänomen vom Konsumenten so gewünscht ist, oder von den Herstellern diktiert wird.

Beispielsweise ist es heutzutage üblich, spätestens alle zwei Jahre sein Mobiltelefon zu wechseln. Doch schon vor Jahren wurden Mobiltelefone produziert, die

---

[1] Gregory, P.: A Theory of Purposeful Obsolescence. North Carolina 1947. Seite 24

immer noch einwandfrei funktionieren würden. Verlangt also der Konsument die kurze Lebensdauer von diesen Gütern?

Anders verhält es sich bei Gebrauchsgütern wie zum Beispiel einem Druckern oder einem Handmixer. Bei solchen Produkten ist der Konsument weit weniger tolerant betreffend einer kurzen Lebensdauer.

Um die Literaturrecherche mit Beispielen aus der Praxis zu untermauern, wurden Ergebnisse einer Umfrage, in der StudentInnen ihre Bekannten und Angehörigen bezüglich geplanter Obsoleszenz befragten, ausgewertet. Auffällig bei dieser Umfrage war die scheinbare Ohnmacht, in der sich der Konsument glaubt zu befinden. Nur so lässt sich die geringe Reklamationsrate trotz der großen Kundenunzufriedenheit erklären.

2 Geplante Obsoleszenz – wie alles begann[2]

Die Idee der „geplanten Obsoleszenz" wurde unter den Herstellern von Glühbirnen in den 20er Jahren des letzten Jahrhunderts geboren. Für den Umsatz war es nicht förderlich, dass Glühbirnen 2.000 Stunden und länger brannten. Man einigte sich darauf, das Maximum an Betriebsstunden herabzusetzen und so für einen stetigen und anhaltenden Konsum zu sorgen.[3]

Vor nicht allzu langer Zeit wurden noch unverwüstliche Autos produziert, die mit Material aus dem Baumarkt und Eisenwarenladen selbst repariert werden konnten, oder Nylonstrumpfhosen, mit denen man einen Traktor abschleppen konnte.

Wie bereits erwähnt, gilt die Glühlampe als erstes Produkt, bei dem geplante Obsoleszenz angewendet wurde. 1924 fand in Genf ein Treffen mit dem Ziel statt, ein Kartell zu gründen, das sich zur Aufgabe machen sollte, die Glühlampenproduktion aller Länder zu kontrollieren und den Weltmarkt unter sich aufzuteilen. Dieses Kartell geht später in die Geschichtsbücher mit dem Namen „Phoebus-Kartell" ein (Anmerkung: Phoebus ist der Beiname des Gottes Apollon und bedeutet „der Leuchtende"). Man legte verbindliche Industriestandards fest, wie beispielsweise den einheitlichen Sockel mit entsprechenden Fassungen, die zum Teil bis heute noch Bestand haben. Dies war eine positive Entwicklung für den Kunden. Der Hauptgrund war jedoch weniger kundenorientiert. Neben der geographischen Aufteilung des Marktes unter den Herstellern wurde ebenfalls die Beschaffenheit der Beleuchtungsprodukte genau definiert. Die Entwicklung, dass Glühbirnen eine immer längere Lebensdauer aufzeigten, sorgte offensichtlich bei den Produzenten für Nervosität. In Zahlen hat das Unternehmen Philips 1928 Folgendes ausgerechnet: „Jede Überschreitung um nur zehn Betriebsstunden einer Glühlampe bedeutet für das Weltkontingent einen Verlust von einem Prozent oder vier Millionen Einheiten."[4]

Somit wurde die Lebensdauer einer Glühbirne auf 1000 Stunden limitiert. Zum Vergleich: Die Glühbirne, die Thomas Edison 1881 auf der Weltausstellung in Paris präsentierte, brannte im Schnitt 1 586 Stunden. Die von Phoebus selbst ermittelte durchschnittliche Lebensdauer einer Glühbirne betrug im Jahr 1926 sogar schon

---

[2] vgl. Reuß, J./ Dannoritzer C.: Kaufen für die Müllhalde. 1. Auflage. Orange Press. Freiburg, 2013. Seite 14ff
[3] vgl. Reuß, J./ Dannoritzer C.: Kaufen für die Müllhalde. 1. Auflage. Orange Press. Freiburg, 2013. Seite 13
[4] Reuß, J./ Dannoritzer C.: Kaufen für die Müllhalde. 1. Auflage. Orange-Press Freiburg 2013. Seite 17

1800 Stunden. Sollte ein Kartellmitglied Glühbirnen herstellen, die die Brenndauer von 1000 Stunden überschreiten, würde es empfindlich hohe Strafen geben.

3 Erklärung von Begriffen

3.1 Obsoleszenz

„Obsoleszenz" kann als künstliche oder natürliche Alterung von Produkten bezeichnet werden. Durch die Alterung ist das Produkt nach einer vorgegebenen Zeit nicht mehr geeignet, Bedürfnisse der KonsumentInnen zu befriedigen. Diese Begriffsverwendung wird verschieden definiert:„Alterung oder Verschleiß" sowie „vorzeitige Alterung oder Verschleiß". Ein vorzeitiger Verschleiß lässt sich aber nur in Relation zu einer erwarteten Lebensdauer eines Produktes feststellen. Um diese Lebensdauer zu ermitteln, ist der gesellschaftliche Prozess zu beobachten, der verschiedenen Einflüssen unterliegt. Folgende Arten von Obsoleszenz lassen sich unterscheiden:[5]

3.2 Werkstoffliche Obsoleszenz

Die werkstoffliche Obsoleszenz liegt in der nachlassenden oder mangelnden Leistungsfähigkeit von Materialien oder Komponenten. Billigere Rohstoffe bringen natürlich größere Gewinne. Ist der Konsument aber bereit für gute Qualität mehr Geld auszugeben, kann auch der Hersteller qualitativ höherwertige Rohstoffe verwenden. Leider ist es für den Konsumenten sehr schwierig, zu beurteilen, ob ein teureres Produkt auch tatsächlich mit höherwertigen Rohstoffen produziert wurde.

3.3 Funktionale Obsoleszenz

Funktionale Obsoleszenz entsteht durch veränderte technische und funktionale Anforderungen an ein Produkt, zum Beispiel die Inkompatibilität von Software und Hardware elektronischer Geräte. Ein weiteres Beispiel wären Ladekabel von Smartphones, dessen Stecker im Laufe der Zeit wechseln.

---

[5] vgl. Stamminger R.: Einfluss der Nutzungsdauer von Produkten auf ihre Umweltwirkung. https://www.umweltbundesamt.de/sites/default/files/medien/378/publikationen/texte_11_2016_einfluss_der_nutzungsdauer_von_produkten_obsoleszenz.pdf. Seite 64. Stand: 10.06.2016

3.4 Psychologische Obsoleszenz

Die Psychologische Obsoleszenz betrifft das Bedürfnis des Eintauschens von voll funktionsfähigen Gütern aufgrund neuer Modetrends beziehungsweise neuer technischer Entwicklungen.

3.5 Ökonomische Obsoleszenz

Ökonomische Obsoleszenz tritt ein, wenn die Kosten einer Wiederherstellung eines bereits verwendeten Produktes im Vergleich zur Anschaffung eines neuen nur einen geringen Unterschied aufweisen. Es wird kein Sinn in der Reparatur gesehen weil ein neues nur geringfügig teurer ist. Die Entscheidung für ein neues Konsumgut ist somit schnell getroffen. Die Gründe für dieses Phänomen liegen einerseits bei reparaturunfreundlichen Modellen, andererseits beim schnellen Preisverfall von Elektronikgeräten.

Beispiele von geplanter Obsoleszenz reichen von der Anschlussschnittstelle der externen Festplatte, über Netzladegeräte von Laptops, bis zum nicht wechselbaren Akku von Mobiltelefonen. Geplante Obsoleszenz steckt aber auch in der dunkelroten Hochglanzlackierung einer neuen Einbauküche, die das Buchenholzimitat der Vorgängerserie alt und aus der Mode gekommen aussehen lässt.[6]

3.6 Nachhaltiger Konsum

Nachhaltiger Konsum bezeichnet den „Ver - bzw. Gebrauch von Gütern und Dienstleistungen, der die Bedürfnisse der Konsumenten erfüllt, Umwelt und Ressourcen schont, und sowohl sozialverträglich als auch ökonomisch tragfähig ist. Damit stellt nachhaltiger Konsum das Gegenstück zu den materialistisch geprägten und vorherrschenden Konsumweisen dar und kann spiegelbildlich als Beitrag zur Minderung von Umweltbelastungen betrachtet werden."[7]

---

[6] vgl. Reuß, J. / Dannoritzer C.: Kaufen für die Müllhalde. 1. Auflage. Orange-Press. Freiburg 2013. Seite 10ff
[7] Scherhorn, G. (Hrsg.): Nachhaltiger Konsum. ökom-Verl. München 2003. Seite 23ff

Allgemein können folgende Dimensionen der Nachhaltigkeit definiert werden: [8]

3.6.1 Nachhaltigkeit der Staatstätigkeit

Staatstätigkeiten sollten unter dem Aspekt der Nachhaltigkeit betrachtet werden. Öffentliche Ausgaben könnten nachhaltig getätigt werden um so in Zukunft Kosten zu sparen und Einnahmen zu sichern. Als Beispiele seien Investitionen in Bildung und Umweltschutz angeführt.

3.6.2 Makroökonomische Nachhaltigkeit

Dass die Verschuldung privater Haushalte ein großes Risiko darstellt, hat die Eurokrise und auch die US-Subprime-Krise gezeigt. Die Leistungsbilanz zeichnet - unter Berücksichtigung der Verschuldung der Privathaushalte – eine mögliche Veränderung der Vermögensposition eines Landes im Vergleich zu den restlichen Ländern ab. Diese sollte ausgeglichen sein. Gibt es massive Leistungsbilanzüberschüsse, deutet dies darauf hin, dass andere Länder in nicht nachhaltige Systeme gerückt werden, und dadurch ein langfristiges Gleichgewicht gefährdet ist.

3.6.3 Soziale Nachhaltigkeit

Wachsende Ungleichheit ist sowohl mit einer abnehmenden Lebenszufriedenheit der KonsumentInnen verbunden, als auch mit der Gefährdung der sozialen Sicherheit und der Drohung von Ausschreitungen.

3.6.4 Ökologische Nachhaltigkeit

Die Wirtschaft sollte in jener Form angepasst werden, dass eine menschenwürdige Umwelt erhalten werden kann. Manche Experten vertreten den Standpunkt, dass das BIP-Wachstum vom steigenden Ressourcenverbrauch entkoppelt werden müsste. Andere sehen die einzige Möglichkeit für das Erreichen einer ökologischen Nachhaltigkeit im Schrumpfen des Bruttoinlandsproduktes.

3.7 Der Markt

„Markt" ist jener reale oder virtuelle Ort, in dem KonsumentIn und Produzent aufeinander treffen. Das Wort „Markt" wurde im 18. Jahrhundert von dem Wirtschaftswissenschaftler Adam SMITH zum ersten Mal definiert. SMITH bezeichnete als Markt eine Tauschsituation, in der viele kleine Anbieter und Abnehmer interagieren.

---

[8] vgl. Annen, N.: Road Maps 2020. Campus Verlag. Frankfurt M. 2013. Seite 170

Jeder Teilnehmer/jede Teilnehmerin hat nur einen kleinen Anteil am Angebot bzw. an der Nachfrage, weswegen keiner der TeilnehmerInnen in der Lage ist, den Preis willkürlich zu beeinflussen. Aus dieser Situation sollte sich ein Marktgleichgewicht entwickeln, durch das je nach Relation von Angebot und Nachfrage der Gleichgewichtspreis gebildet werden könnte. Diesem freien Wirken des Marktmechanismus stehen Hürden gegenüber. Natürliche Monopole (z.b. ÖBB, E-Werke) und Oligopole (Großkonzerne) bilden Markteintrittsbarrieren. Auch versuchen staatliche Regelungen und Subventionen die Kaufentscheidung des Konsumenten in bestimmte Richtungen zu lenken. Beispielsweise garantiert man mit Hilfe von Patenten einem Produzenten eine temporäre Monopolstellung, damit Forschungs- und Entwicklungskosten refinanziert werden können.[9]

Ein Markt entsprechend diesem theoretischen Konstrukt existiert so gut wie nicht. Dafür gibt es zahlreiche Begründungen. Dem Großteil der KonsumentInnen ist nicht bekannt, wie hoch die Herstellungskosten des jeweiligen Produktes sind. Auch etwaige Qualitätsunterschiede – und damit begründete Preisunterschiede - sind für den Konsumenten nur schwer auszumachen. Der Konsument kann nur durch Preisvergleiche versuchen, einen passenden Wert zu ermitteln. Im Gegensatz dazu hat der Hersteller ganz genaue Aufzeichnungen über Produktionskosten, errechnet seinen Preis aber nicht als Aufschlag, sondern über Instrumente der Marktforschung, wie zum Beispiel Konsumentenbefragungen und Statistiken um die Zahlungsbereitschaft der Käufer zu ermitteln. Hinzu kommt der Einfluss der Mitbewerber.[10]

Ein tatsächlich freier Markt würde immer effizient arbeiten. Das heißt, alle möglichen Gewinne könnten realisiert werden. Nach dieser Realisierung wären für einen Gewinner nur mehr Gewinne auf Kosten anderer Teilnehmer möglich.

Gerecht ist dieses System nicht, da die Teilnehmer teilweise von extrem ungleichen Positionen aus starten und so Ihren Vorsprung weiter ausbauen könnten.[11]

---

[9] vgl. Kollmann, K / Schmutzer, M.: Mächte des Marktes. Verlag Österreich. Wien 2007. Seite 10ff.
[10] vgl. Kollmann, K. / Schmutzer, M.: Mächte des Marktes. Verlag Österreich. Wien 2007. Seite 29f.
[11] vgl. Layard R.: Die glückliche Gesellschaft. 2. Auflage. Campus Verlag. Frankfurt M. 2009. Seite 147f

4 Hauptsächlich betroffene Produktgruppen

Die Schweizer Stiftung für Konsumentenschutz hat etwa 400 Kundenbewertungen über das Internet bezüglich geplanter Obsoleszenz ausgewertet, und zu folgenden Produktgruppen zusammengefasst.[12]

Bezeichnungen	Anzahl
Computer, Drucker, Kopierer und Internet	125
Küchengeräte	57
Audio, TV und Video	56
Telekommunikation	48
Haushaltsgeräte/Werkzeug	47
Kosmetik und Pflege	30
Kleidung/Schuhe	17
Gebrauchsgegenstände	11
Möbel/Einrichtungsgegenstände	8
Fahrzeuge	7
Sonstiges	5

Tabelle 1: Übersicht der betroffenen Produktgruppen[13]

Aus dieser Tabelle geht eindeutig hervor, dass Elektronikgeräte jeder Art von geplanter Obsoleszenz betroffen sind. Kategorie 1 (Computer, Drucker, Kopierer und Internet) wurde mehr als doppelt so oft wie die zweite Kategorie genannt. Es könnte nun behauptet werden, dass geplante Obsoleszenz überall im Alltag auftaucht und unser menschliches Leben ununterbrochen begleitet. Vermehrt jedoch tritt das Phänomen bei moderner Elektronik auf.

---

[12] vgl. Kreiß, Ch.: Geplanter Verschleiß. Europa Verlag. Wien 2014. Seite 62f
[13] Kreiß, Ch.: Geplanter Verschleiß. Europa Verlag. Wien 2014. Seite 62f

5 Nutzungsdauer – der Versuch einer Definition[14]

Bei jeglichen Gütern im Alltag spricht man von Lebensdauer oder Nutzungsdauer und vermischt damit unterschiedliche Begriffe. Jeder Konsument hat von dem Begriff „Lebensdauer" eines Produkts eine unterschiedliche Vorstellung. Als Beispiel kann der Lebenszyklus eines Kraftfahrzeuges herangezogen werden. Für Jemanden, der nur Neuwagen besitzt, und diese nach kurzer Zeit wieder verkauft, hat solch ein Kraftfahrzeug eine sehr kurze Nutzungsdauer, jedoch ist die Lebensdauer des Fahrzeuges noch lange nicht zu Ende. Am Gebrauchtwagenmarkt wird ein neuer Besitzer gefunden und dieser nutzt dieses Fahrzeug weiterhin. Selbst wenn das Fahrzeug nicht mehr fahrtüchtig ist, gibt es immer noch eine *„Wertdauer"*, da noch ein gewisser Restwert vorhanden ist. Erst durch Einpressung des Fahrzeuges endet die *„Existenzdauer"* des Fahrzeuges. Man kann also folgende Zeitperioden eines Produktes definieren: [15]

5.1 Die Nutzungsdauer

Die Nutzungsdauer gibt an, wie lange das Produkt von Konsumenten tatsächlich verwendet wird.

5.2 Die Grundnutzendauer = Lebensdauer

Die Lebensdauer umfasst jenen Zeitraum, innerhalb dessen ein und dasselbe Gut seinen Grundnutzen zu stiften vermag. Das heißt, das Produkt muss materiell unverändert bleiben und denselben kollektiven Nutzenerwartungen wie zuvor entsprechen.

5.3 Die Wertdauer

Als Wertdauer wird der Zeitraum bezeichnet, in dem das Gut – wenn auch nur subjektiver Art – einen Wert stiftet.

---

[14] vgl. Heine, Ch.: Die psychische Veralterung von Gütern. Lorenz Spindler Verlag. Nürnberg 1968. Seite 48f
[15] vgl. Heine, Ch.: Die psychische Veralterung von Gütern. Lorenz Spindler Verlag. Nürnberg 1968. Seite 49f

5.4 Die Existenzdauer

Als Existenzdauer bezeichnet man die physische Existenz eines materiell identischen Gegenstandes.

6 Verlängerung der Nutzungsdauer

Um eine lebenswerte Umwelt zu erhalten gilt es die Zeitspanne, die Konsumgüter genutzt werden, unabhängig von der Definition der Nutzungsdauer, zu verlängern beziehungsweise zu maximieren. Verwendet man ein Konsumgut doppelt so lange wie ein vergleichbares Gut, können Abfälle und Ressourcen von rund 50% gespart werden.

Folgende Maßnahmen wirken sich positiv auf die Dauer der Nutzung aus: [16]

- Produktion von Langzeitgütern: Güter, die seitens Design sowie Verwendbarkeit für eine längere Nutzungsdauer gebaut sind,
- Maßnahmen zur Nutzungsdauerverlängerung: Wiederverwendung, Reparatur, Möglichkeit zur technologischen Hochrüstung.

Auch eine Erhöhung der Nutzungsintensität hat einen positiven Einfluss und eine schonende Auswirkung auf Umweltressourcen. Durch Vermietung von Gütern mit einer langen Lebensdauer würde die Möglichkeit geschaffen werden, weniger Güter produzieren zu müssen aber im Gegenzug effizienter nutzen zu können.[17]

Ideen und Projekte diesbezüglich existieren bereits und befinden sich in Umsetzung, wie zum Beispiel „Car Sharing" in Wien. Es gibt bereits auch Firmen, die Fahrzeuge zur kollektiven Nutzung anbieten und so ein effizientere Auslastung der Fahrzeuge ermöglichen, wenngleich die Schonung der Umwelt nicht ein vordergründiges Ziel dieser Firmen darstellt.

6.1 Wirtschaften in Kreisläufen (W.i.K.)

Bei der Beleuchtung des Phänomens der geplanten Obsoleszenz ist die Trennung des Wirtschaftswachstums vom Ressourcenverbrauch ein wichtiges Detail. Ein erstes Geschäftsmodell des „Wirtschaften in Kreisläufen" wurde zum ersten Mal 1976 in einer Studie für die EU-Kommission vorgestellt.[18]

---

[16] vgl. Stahel, W.: Langlebigkeit und Materialrecycling. Vulkan Verlag Essen. Genf 1991. Seite 1
[17] vgl. Stahel, W.: Langlebigkeit und Materialrecycling. Vulkan Verlag Essen. Genf 1991. Seite 2
[18] vgl. Stahel, W.: Ausstieg aus der Wegwerfgesellschaft durch eine Rückbesinnung auf die Nachhaltigkeit. http://www.productlife.org/files/ZU%2023.03%20Stahel%20Version%20PLI%20june12.pdf. Seite 1f. Stand 01.06.2016

Wirtschaften in Kreisläufen liegt die Idee zugrunde, dass eine Bestandesbewirtschaftung wirtschaftlicher ist als eine Ersatzwirtschaft. Rein technisch kann W.i.K als eine Vielzahl von Recycling-Kreisläufen betrachtet werden.[19]

Das Prinzip des W.i.K. ändert die ständige Fertigung von Gütern, die zuletzt im Abfall landen in einen Güter- sowie Molekülkreislauf. Dadurch werden energieintensive und umweltschädliche Tätigkeiten vermindert. Ein W.i.K ist aber aus folgenden Gründen arbeitsintensiver als industrielle Fertigungsprozesse:[20]

- Gewinne mittels Skalenerträgen können im Vergleich zur Produktion nur sehr eingeschränkt erzielt werden,
- „Rohstoffe" (Altgüter) müssen erst bestimmt werden, da diese nicht einheitlich sind,
- ein hoher Aufwand der Wieder- und Weiterverwendung der gebrauchten Güter
- beziehungsweise Werkstoffe.

Die Gewinnung von Rohstoffen für die Produktion von Gütern macht weniger als 25% des gesamten Arbeitsaufwandes aus. Der Rest gilt der Produktion aus diesen Rohstoffen. Der Energieaufwand diesbezüglich verhält sich genau umgekehrt. Für die Gewinnung von Rohmaterial wird dreimal mehr Energie benötigt als notwendig ist, um daraus Güter zu fertigen. Durch die Verwendung von wiederverwertbaren Gütern würde enorm viel Energie eingespart werden können. Abgesehen von der Vermeidung der Abfallprodukte ergibt sich dadurch ein großes Energieeinsparungspotential. Da durch diese Umstellung nicht nur die Umwelt geschont werden würde, sondern auch positive Effekte auf Beschäftigungszahlen zu erwarten sind, wäre ein Lenkungseffekt mit Hilfe von Steuerersparnissen und Subventionen von Seiten des Staates wünschenswert.[21]

---

[19] vgl. Stahel, W.: Ausstieg aus der Wegwerfgesellschaft durch eine Rückbesinnung auf die Nachhaltigkeit. http://www.productlife.org/files/ZU%2023.03%20Stahel%20Version%20PLI%20june12.pdf. Seite 6.
[20] vgl. Stahel, W. Ausstieg aus der Wegwerfgesellschaft durch eine Rückbesinnung auf die Nachhaltigkeit, Seite 7
[21] vgl. Stahel, W. Ausstieg aus der Wegwerfgesellschaft durch eine Rückbesinnung auf die Nachhaltigkeit, Seite 7f

7 Verringerung des Nutzen eines Konsumgutes

Ein Nutzenschwund kann in zwei Kategorien eingeordnet werden:[22]
1. Objektbedingte Schwundphänomene,
2. subjektbedingte Schwundphänomene.

Objektbedingt ist jeder Schwund von Nutzen, der sich auf eine objektive, materielle Veränderung am Gegenstand selbst zurückführen lässt. Der Nutzenschwund vollzieht sich beim Objekt selbst und nicht beim wertenden Subjekt. Objektbedingter Nutzenschwund ist zum Beispiel ein von einem Hund zerbissenes Paar Schuhe.

Subjektbedingt ist hingegen jeder Nutzenschwund, der auf irgendeiner Veränderung der Bedürfniskonstellation des Besitzers beruht, auf welche der Gegenstand bezogen ist. Der Nutzenschwund vollzieht sich, weil das wertende Subjekt den Nutzen geringer einschätzt als zuvor. Aus der Mode gekommene Schuhe sind ein Beispiel für subjektbedingtem Nutzenschwund.[23]

---

[22] vgl. Heine, Ch.: Die psychische Veralterung von Gütern. Lorenz Spindler Verlag. Nürnberg 1968. Seite 53
[23] vgl. Heine, Ch.: Die psychische Veralterung von Gütern. Lorenz Spindler Verlag. Nürnberg 1968. Seite 54f

8 Warum kauft der Konsument?

8.1 Die Kaufentscheidung

Ob und für welches Gut sich der Konsument entscheidet hängt zum Großteil von unterbewussten Wahrnehmungen ab. Nicht umsonst nimmt Marketing und Werbung in jedem Unternehmen einen großen Stellenwert ein. Jede Information von außen wird über die fünf Sinne wahrgenommen. Meist ist nicht nur einer dieser Sinne beteiligt. Wahrnehmungen dringen stets über mehrere Sinne in unser Gehirn ein. Dabei gilt: Je mehr Sinne an einer Aktion beteiligt sind, desto intensiver und einprägsamer ist diese Wahrnehmung.[24]

Nur ein Bruchteil der Informationsflut, der im Laufe eines Tages auf einen Konsumenten einprasselt, wird abgespeichert. In Verbindung mit Emotionen werden bestimmte Informationen noch besser abgespeichert. Dabei ist es grundsätzlich irrelevant ob die Emotion positiv oder negativ behaftet ist. Eine der Hauptaufgaben von Werbung ist es daher, Emotionen beim Empfänger der Botschaft auszulösen, um so in Erinnerung zu bleiben.[25]

8.2 Ist Glück und Zufriedenheit käuflich?

Die ersten Überlegungen, was uns Menschen glücklich macht, fanden im 18. Jahrhundert statt. Nach dem Philosophen Jeremy BENTHAM ist die beste Gesellschaft diejenige, in der die Menschen am glücklichsten sind. Daraus folgt, dass jenes moralische Verhalten das Beste ist, welches allen betroffenen Menschen das größte Glück bringt. Dieses Ideal war der Motor hinter einem Großteil des sozialen Fortschrittes der vergangenen zwei Jahrhunderte.[26]

In den letzten Jahrzehnten hat der Individualismus Einzug gehalten. Heute findet oft ein materieller Machtkampf zwischen den Menschen statt. Dies setzt jeden Konsumenten unter Druck, möglichst viel vom Besten anzuschaffen. Die Tendenz geht jedoch mittlerweile wieder etwas mehr in die entgegengesetzte Richtung. Immer

---

[24] vgl. Labude, Ch.: Wie entscheiden Kunden wirklich?. Linde Verlag. Wien 2008, Seite 15
[25] vgl. Labude, Ch.: Wie entscheiden Kunden wirklich?. Linde Verlag. Wien 2008, Seite 16f
[26] vgl. Layard R.: Die glückliche Gesellschaft. 2. Auflage. Campus Verlag. Frankfurt M. 2009. Seite 15

mehr hinterfragende Kunden distanzieren sich vom „Konkurrenzkonsum", hin zu Ideen, die das Gemeinwohl steigern.[27]

Dass die ständige Anschaffung neuer Konsumgüter allein nicht glücklich macht, zeigt auch folgende Grafik:

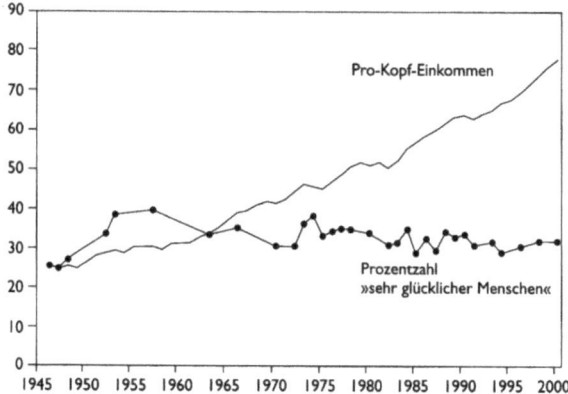

Abbildung 1: Entwicklung „sehr glücklicher Menschen"[28]

Abgebildet sind die Steigung des Einkommens der letzten Jahrzehnte und der dazugehörige Prozentsatz der Bevölkerung, der angibt „sehr glücklich" zu sein. Während das Pro-Kopf-Einkommen stetig steigt, bleibt der Prozentsatz an glücklichen Menschen gleich. Daraus kann man erkennen, dass der Wohlstand einer gesamten Gesellschaft zunehmen kann jedoch damit nicht automatisch die Zufriedenheit der Menschen steigt.[29] Viel eher ist zu Beginn ein überdurchschnittlicher Anstieg des Anteils an „sehr glücklicher Menschen" zu erkennen. Ab 1970 stagniert der Prozentsatz an glücklichen Menschen jedoch obwohl das Einkommen pro Kopf gestiegen ist.

---

[27] vgl. Layard R.: Die glückliche Gesellschaft. 2. Auflage. Campus Verlag. Frankfurt M. 2009. Seite 16
[28] Layard, R.: Die glückliche Gesellschaft. 2. Auflage. Campus Verlag. Frankfurt M. 2009. Seite 44
[29] vgl. Layard, R.: Die glückliche Gesellschaft. 2. Auflage. Campus Verlag. Frankfurt M. 2009. Seite 45

8.3 Das Genussstreben

Der Psychologe Sigmund FREUD schrieb:

> „...Was man im strengsten Sinne Glück heißt, entspricht der eher plötzlichen Befriedigung hoch aufgestauter Bedürfnisse und ist seiner Natur nach nur als episodisches Phänomen möglich. Jede Fortdauer einer vom Lustprinzip ersehnten Situation ergibt nur ein Gefühl von lauem Behagen – wir sind so eingerichtet, dass wir nur den Kontrast intensiv genießen können, den Zustand nur sehr wenig."[30]

FREUD wollte uns damit sagen, dass Glück ein ständiges Streben nach „Mehr, Größer, oder Besser" ist. Wir Menschen erkennen leider oft nicht den Glückszustand sondern nehmen eher den Unterschied zum Unglück wahr. Dadurch ist es für Konzerne ein leichtes Unterfangen, Personen zum Kauf von neuen Gütern zu animieren, auch wenn sie nur geringfügig besser erscheinen, schließlich möchte man das Gefühl von Glück dauerhaft manifestieren. Dass ein fortlaufender Konsum von Gütern zu anhaltendem und dauerhaftem Glück führt, könnte aber durch Abbildung 2 widerlegt werden. Erkennbar ist, dass in der niedrigen Einkommenshälfte ein starker Anstieg des Glückes bei höherem Einkommen erkennbar ist. Im Gegensatz dazu gibt es jenseits eines Pro-Kopf-Einkommens von 20.000 US-Dollar keinen großen Anstieg des Glücks mehr. Der vergleichbar starke Anstieg des Glückes im niedrigen Einkommensbereich ist damit zu begründen, dass mehr Einkommen eine spürbare Linderung der Not bedeutet.[31]

---

[30] Freud, S.: Das Unbehagen in der Kultur, a.a.O.,Seite 75
[31] vgl. Layard, R.: Die glückliche Gesellschaft. 2. Auflage. Campus Verlag. Frankfurt M. 2009. Seite 46

Warum kauft der Konsument?

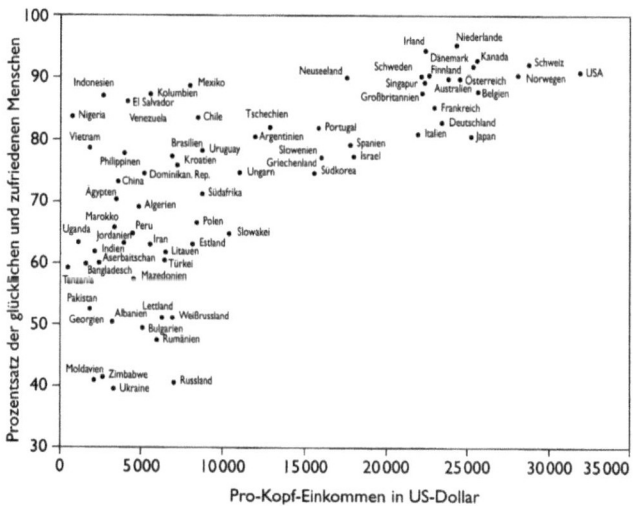

Abbildung 2: Einkommen und Glück weltweit (1999)[32]

8.4 Erlebnisdrang und Neugier

Je monotoner der Alltag des Konsumenten, desto stärker scheint sein Bedürfnis nach Glücksgefühl und Erlebnissen: Gefährliche Extremsportarten, Abenteuerreisen und ausgedehnte Shoppingmärsche dienen der Befriedigung des Reizhungers.[33]

Durch das Konsumieren von solchen Dienstleistungen oder durch spontane Shoppingtouren verspricht sich der Konsument, die Produktion der Glückshormone kurzfristig ansteigen lassen zu können.

---

[32] Layard, R.: Die glückliche Gesellschaft. 2. Auflage. Campus Verlag. Frankfurt M. 2009. Seite 46
[33] vgl. Heine, Ch.: Die psychische Veralterung von Gütern. Lorenz Spindler Verlag. Nürnberg 1968. Seite 114f

9 Die Aufgabe der Werbung

Vier klassische Kaufmotive können unterschieden werden, die in der Werbung angesprochen werden:[34]

- **Sicherheit**: Das Streben nach Sicherheit, beziehungsweise Vermeiden von Unsicherheit,
- **Geld**: Das Streben nach Gewinn, beziehungsweise Vermeiden von Verlusten,
- **Bequemlichkeit**: Das Streben nach Bequemlichkeit, beziehungsweise Vermeiden von Aufwand/Energie,
- **Prestige**: Das Streben nach Prestige, beziehungsweise Abhebung von der Allgemeinheit.

Unter Berücksichtigung dieser Punkte gibt es Aufgaben, die von Marketingstrategen erfüllt werden, um den Konsumenten zum Kauf des jeweiligen Produktes anzuregen:[35]

1. **Information**: Werbung soll die Existenz des neuen Produktes bekannt machen,
2. **Differenzierung**: Werbung soll die Neuartigkeit des Produktes von bereits Bekanntem abheben,
3. **Motivation**: Werbung soll Beweggründe zum Produktwechsel liefern,
4. **Harmonisierung**: Werbung soll die Gewöhnung an das Fremdartige vorantreiben.

Jeder mündige Konsument sollte in der Lage sein, diese Punkte bei einem Werbespot zu erkennen. Jedoch wird das Bewusstsein auf mehrere Arten und auf mehreren Ebenen angesprochen, sodass oft im Unterbewusstsein ein Bedürfnis geschaffen wird.

Da sich Markenpräferenzen schon zwischen dem zweiten und dritten Lebensjahr bilden, ist es sehr teuer einen fünfzigjährigen BMW-Fahrer von einem Mercedes zu überzeugen. Weit effizienter ist es, dem Kunden von Morgen schon heute ein positives Markenimage zu vermitteln. Später tauchen dann Erinnerungen aus der

---

[34] vgl. Labude, Ch.: Wie entscheiden Kunden wirklich?. Linde Verlag. Wien 2008. Seite 16f
[35] vgl. Heine, Ch.: Die psychische Veralterung von Gütern. Lorenz Spindler Verlag. Nürnberg 1968. Seite 195ff

geprägten Kindheit auf und beeinflussen so die Kaufentscheidung. Unternehmen steuern heutzutage nicht mehr nur die Entscheidung eines Konsumenten für die eine oder andere Marke an. Viel mehr versuchen sie schon viel früher, als bloß in der Gestaltung der Bedürfnisse, Einfluss zu nehmen.[36]

Als Konsument sollte man stets beachten, dass Werbung nicht zur eigentlichen Information dient. Das Ziel, das Hersteller mit Werbung verfolgen, lautet nicht: „Wie informiere ich am besten über das Produkt?", sondern: „Wie stelle ich das Produkt so attraktiv wie möglich dar, damit es gekauft wird?". Diesen großen Unterschied gilt es zu bedenken. Denn damit ein Produkt in den Augen des Käufers so attraktiv wie möglich erscheint, muss man positive Eigenschaften hervorheben und negative möglichst vermeiden.[37]

---

[36] vgl. Reuß, J. / Dannoritzer C.: Kaufen für die Müllhalde. 1. Auflage. Orange Press. Freiburg, 2013. Seite 45ff
[37] vgl. Kreiß, Ch.: Geplanter Verschleiß. Europa Verlag. Wien 2014. Seite 86

10 Die Macht des Verbrauchers

Wenn der Konsument ein Gut kauft, zielt er mit dieser Handlung darauf ab, ein Bedürfnis zu stillen. Die Bedürfnisse können nach MASLOW in Hierarchien eingeteilt werden, die in der Grafik ersichtlich sind. Um Bedürfnisse einer höheren Ebene befriedigen zu wollen, müssen jeweils Bedürfnisse der unteren Ebene gestillt sein:

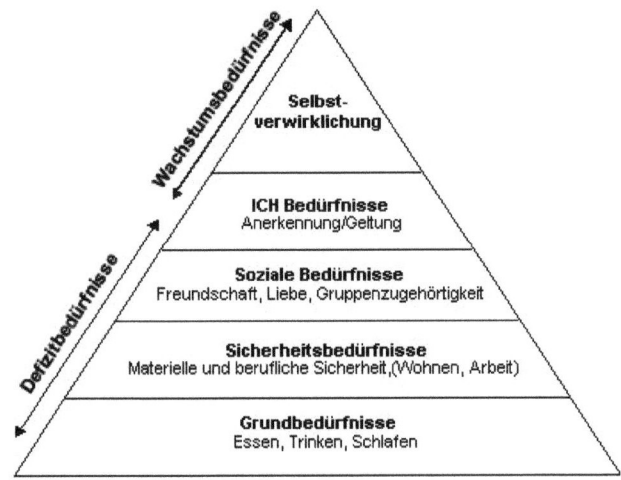

Abbildung 3: Pyramide nach Maslow[38]

Warum lässt sich der Konsument in seinen Bedürfnissen manipulieren?
Nicht immer hat sich der Konsument überreden lassen Dinge, die noch funktionstüchtig sind, wegzuwerfen. Bis in die späten 1960er war es üblich, dass man das, was man besessen hat, pfleglich und mit Achtung und Sorgfalt behandelte. Dies war jedoch für die aufkommende Massenproduktion nicht förderlich. Hätten damalige Unternehmer jedoch zur Verschwendung aufgerufen, wäre das beim Konsumenten auf massives Unverständnis gestoßen. Die Umerziehung der Menschen zu modernen Konsumenten war ein jahrelanger Prozess. Verpackt man die Verschwendung nämlich unter dem Vorwand „Der Konsument möchte mit der Zeit gehen, und somit modisch bleiben", kommt es zu einer neuen Sichtweise und diese klingt dann nicht mehr so verwerflich. Natürlich musste – damit der Konsument dies akzeptiert – der Käufer auf emotionaler Ebene angesprochen werden. Werden

---

[38] http://rueetschli.net/psychologie/angewandte-psychologie/psychologische-grundprozesse-motivation-teil-ii-331.html, Stand 10.06.2015

Kaufentscheidungen vom Gefühl und nicht vom Verstand geleitet, so entscheidet man sich schneller für ein neues Produkt, obwohl das alte einwandfrei funktioniert. Ein Beispiel für eine Umformulierung der Verschwendung ist in der Automobilbranche zu finden. Grundsätzlich ist es erfreulich, wenn funktionstüchtige Gegenstände lange halten und sich so der Nutzen für den Käufer erhöht. Es sollte jedem Konsumenten widerstreben, funktionstüchtige Maschinen zu vernichten. Wird jedoch mit einer *Abwrackprämie* suggeriert, dass dies im Sinne des Konsumenten und gut für die Umwelt sei, steht der Moral Nichts mehr im Weg. Im Gegenteil, man freut sich sogar über die Prämie, die man im Tausch gegen ein neues Auto bekommen hat.[39]

Zudem spielt der finanzielle Spielraum eines Verbrauchers eine große Rolle. Auch hier kann die Pyramide zur Veranschaulichung herangezogen werden. Reicht das Einkommen eines Verbrauchers lediglich zum Stillen der Grundbedürfnisse wie Essen, Wohnen oder Kleidung, ist Werbung ein relativ nutzloses Medium, da schlichtweg für Artikel, die Bedürfnisse darüber hinaus befriedigen sollen, keine Ressourcen mehr vorhanden sind. Werbung benötigt also Verbraucher mit ausreichend finanziellen Ressourcen und wirtschaftlichem Entscheidungsfreiraum. Vergleicht man die Vergangenheit mit der heutigen Zeit, stellen wir fest, dass die breite Mittelschicht quantitativ gewachsen ist. Somit gibt es in der Gegenwart mehr Aktionsraum für Werbung als je zuvor.[40]

Ebenfalls geändert hat sich die Ausgabenverteilung der Haushalte. In Tabelle 2 sind die Gesamtausgaben privater Haushalte in Deutschland ersichtlich. Bemerkenswerterweise haben sich die Ausgaben für Wohnen und Heizen von 18% im Jahr 1970 auf aktuell circa 25% erhöht. Im Gegensatz dazu ist der Anteil der Ausgaben für Lebensmittel drastisch gesunken. War im Jahr 1970 noch ein Viertel der Ausgaben für Lebensmittel reserviert, so sind aktuell nur mehr rund 14% der Ausgaben für Nahrungsmittel, Getränke und Tabakwaren gedacht.

---

[39] vgl. Reuß, J. / Dannoritzer C.: Kaufen für die Müllhalde. 1. Auflage. Orange Press. Freiburg, 2013. Seite 57ff
[40] vgl. Katona, G.: Die Macht des Verbrauchers. 1. Auflage. Econ Verlag. Düsseldorf 1962. Seite 23f

Jahr	Konsumausgaben privater Haushalte insgesamt	Nahrungsmittel, Getränke und Tabakwaren	Wohnung, Wasser, Strom, Gas und andere Brennstoffe
2015	1539,48	208,08	369,85
2010	1372,88	185,81	341,73
2005	1258,47	179,98	307,26
2000	1144,71	167,63	268,89
1995	1021,58	163,66	231,60
1990	703,20	123,83	142,72
1985	540,79	102,44	123,08
1980	431,89	88,40	86,84
1975	301,10	65,99	57,35
1970	191,29	46,88	33,66
Jahr	Konsumausgaben privater Haushalte insgesamt	Anteil Nahrungsmittel	Anteil Wohnen & Heizen
2015	1539,48	0,14	0,24
2010	1372,88	0,14	0,25
2005	1258,47	0,14	0,24
2000	1144,71	0,15	0,23
1995	1021,58	0,16	0,23
1990	703,20	0,18	0,20
1985	540,79	0,19	0,23
1980	431,89	0,20	0,20
1975	301,10	0,22	0,19
1970	191,29	0,25	0,18

Tabelle 2: Historische Verteilung der Ausgaben privater Haushalte[41]

---

[41] https://www.destatis.de/DE/ZahlenFakten/Indikatoren/LangeReihen/Lebensunterhalt-Konsum/lrleb03.html, Stand 14.06.2016

11 Was den Konsumenten glücklich macht

Es stellt sich die Frage, welche Umstände in der heutigen Zeit glücklich machen und ob der Prozess des Kaufens und des Besitzens von Konsumgütern als Alternative zur tatsächlichen Glücksfindung missbraucht wird. Wir leben heutzutage im Überfluss. Historisch gesehen ist dies ein Umstand, der so in der Geschichte für den Großteil der Bevölkerung noch nicht vorgekommen ist. Daraus kann gefolgert werden, dass der Konsum von Produkten, die aus keinem natürlichen Bedürfnis resultieren, nicht tatsächlich zur persönlichen Bedürfnisbefriedigung und damit zur Glücksfindung beitragen. Desweiteren ist eine Verschiebung der Werte feststellbar: Im Jahr 1977 beantworteten Österreicher im Alter zwischen 10 und 25 Jahren die Frage „Was ist wichtig um glücklich zu sein?", folgendermaßen:[42]

77% Gesund zu sein

44% Ehrlich zu sein

[...]

14% Reich zu sein

4% Modern zu sein

Ende des zweiten Jahrtausends wurde die Frage ähnlich gestellt: „Was wünschst du dir ganz besonders?". Die Antworten waren folgende:

70 % Einmal gut verdienen

68 % Erfolg in der Schule, gute Noten

59 % Tolle Urlaub machen, Reisen

Wir sehen also auch bei dieser Befragung, dass die derzeitige menschliche Gesellschaft klar materialistisch eingestellt ist. Bringt man das wieder in Zusammenhang mit der Kurve der „sehr glücklichen Menschen" lässt sich erkennen, dass ein hohes Gehalt, sowie materieller Überfluss die Konsumenten aber wenig zufrieden stimmen.

---

[42] vgl. Kollmann, K / Schmutzer, M.: Mächte des Marktes. Verlag Österreich. Wien 2007. Seite 168f.

12 Werbefakten

Ein Durchschnittsamerikaner verbringt ein ganzes Jahr seines Lebens mit Konsumieren von Werbung. Ein normales amerikanisches Kind ist mit ungefähr 110 Werbespots pro Tag konfrontiert. Im Jahr 2007 haben die drei größten Autohersteller der USA 7,2 Mrd. Dollar für Werbung ausgegeben. All diese Zahlen sind in den letzten Jahrzehnten ebenfalls massiv gestiegen.[43]

Diese Aussage treffen nicht nur für Amerika, sondern auch für die übrigen Länder zu, wie Abbildung Nr. 4 zeigt: Ersichtlich sind die Werbeausgaben in Millionen Euro in Österreich ab dem Jahr 2003. Durch dieses kontinuierliche Wachstum ist das Werbebudget der österreichischen Firmen um weit über 60% angewachsen. Diese Ausgaben sind äußerst kritisch zu betrachten, da Werbung keinen Absatz garantiert sondern den Konsumenten lediglich zum Kauf animieren soll.

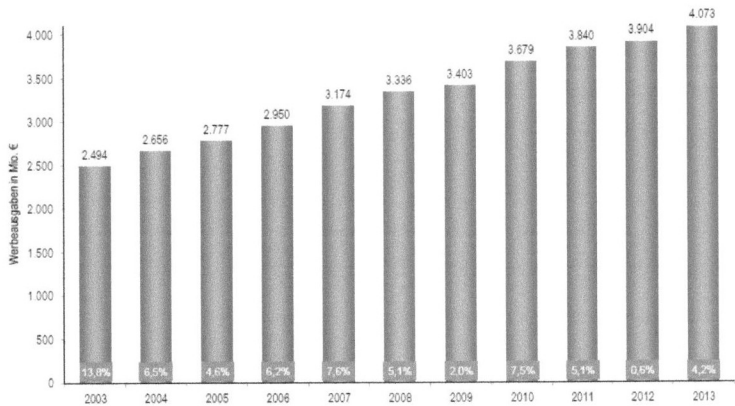

Abbildung 4: Werbeausgaben in Österreich[44]

Früher diente Werbung nur dem Zweck der Information, über aktuelle Lagerbestände oder saisonal verfügbare Produkte. Verwendet wurden Slogans wie: „Frisch eingetroffen!", oder „Ab sofort erhältlich!". Auch Informationen und Eigenschaften über das Produkt selbst wurden weiter gegeben, wie zum Beispiel bei einem Geschirrspülmittel, das Kalkränder verhindern sollte. Heutzutage zählen

---

[43] vgl. Leonard, A.: The Story of Stuff. Econ Verlag. Berlin 2010. Seite 262
[44] http://www.gewista.at/uploads/Werbemarktsterreichberblick2013_10732_DE.pdf, Stand 17.06.2016

vordergründig nicht mehr solche Eigenschaften, sondern ein richtiges Image wird versucht aufzubauen, ja sogar ein neuer Lifestyle wird gestaltet.[45]

Eine Umfrage zu Glück und Zufriedenheit unter der amerikanischen Bevölkerung hat ergeben, dass 1957 der Höchststand an Zufriedenheit herrschte. In diesem Jahr haben sich die bislang höchste Anzahl – rund 35% - als „sehr glücklich" bezeichnet. Heutzutage verdient der Durchschnittsamerikaner mehr Geld, und kann sich mehr leisten als damals. Das soll nicht bedeuten, dass zusätzliches Geld und zusätzlicher Wohlstand nicht glücklicher macht. Jedoch wird durch Sorgen an anderen Stellen diese Extraportion „Glück" kompensiert. Wie bereits erwähnt, nimmt das zusätzliche Glücksgefühl mit wachsendem Konsum ab. Das erste Paar Schuhe stiftet deutlich mehr Glücksgefühle als das zehnte Paar. Mehr Konsum macht also nicht automatisch glücklicher, besonders dann nicht, wenn man den nötigen zusätzlichen Arbeitsaufwand berücksichtig. Denn die Folge von einem höheren Einkommen ist an eine intensivere Arbeitswochen gebunden. Die Folge davon sind abnehmende soziale Kontakte: Ein Viertel der heutigen amerikanischen Bevölkerung hat nach eigenen Angaben niemanden, mit dem sie persönliche Probleme besprechen können. Diese Zahl hat sich seit 1985 bis heute verdoppelt. Und weil für Nachbars Blumengießen, Briefkastenleeren und beim Umzughelfen keine Zeit mehr bleibt, kompensiert dies der Markt. Heutzutage werden jegliche Dienstleistungen angeboten: Haustiere betreuen, Organisation von Umzügen, psychologische Betreuung während einer schwierigen Trennungsphase und vieles mehr.[46]

Viele Konsumenten haben das Gefühl, dass sie weniger Zeit zur Verfügung haben. Viele Konsumenten fühlen sich auch einem erhöhten Zeitstress ausgesetzt, obwohl es viele Entwicklungen gegeben hat, die mehr Leistung in kürzerer Zeit ermöglicht. Mit der industriellen Revolution wurden Güter in den Industriländer effizienter produziert und es entwickelte sich die Fließbandarbeit. 1913 brauchte ein Arbeiter rund 12 Stunden für die Produktion einer Autokarosserie. 1914 waren es nur mehr 1,5 Stunden. Die Kosten für die Herstellung von einem Megabit Rechenleistung beliefen sich 1970 auf circa 20.000 Dollar. 2001 sanken die Kosten auf zwei Cent.[47]

---

[45] vgl. Leonard, A.: The Story of Stuff. Econ Verlag. Berlin 2010. Seite 262ff
[46] vgl. Leonard, A.: The Story of Stuff. Econ Verlag. Berlin 2010. Seite 242ff
[47] vgl. Leonard, A.: The Story of Stuff. Econ Verlag. Berlin 2010. Seite 250ff

Durch diese Entwicklungen gab es zwei Möglichkeiten:

- Weiterhin die gleiche Menge an Gütern zu produzieren aber weniger zu arbeiten oder
- gleich viel arbeiten und dafür die Produktion steigern.

Größtenteils hat man sich für die zweite Variante entschieden. Dass dadurch der Kreislauf der Konsumwirtschaft gefördert wird, ist selbsterklärend. Da man sich immer mehr über den Konsum identifiziert und damit Einstellungen und Neigungen zum Ausdruck bringt, wird es immer wichtiger die neuesten Produkte zu besitzen, seien es die neuesten Modetrends bei Kleidung, oder das jeweilige aktuelle I-Phone von Apple. Dass dieser Entwicklung natürliche Grenzen gesetzt sind, ist offensichtlich. Dieser Lebensstandard der entwickelten Länder ist nicht für die gesamte Weltbevölkerung umsetzbar. Ein niedriger Lebensstandard in Entwicklungsländern sollte für den hohen Lebensstandard in den westlichen Ländern aufkommen. Folgendes Beispiel vom Gründer des *Global Institute for Tomorrow*, Chandran NAIR, verdeutlicht diese Aussage: Der Konsument im Westen bezahlt für ein T-Shirt höchstens zehn Prozent des wahren Preises. Wenn aber diesen Luxus die gesamte Weltbevölkerung genießen möchte, gäbe es keinen Ort mehr, an dem man die Produktionskosten derart gering halten könnte.[48]

---

[48] Kotteder, F.: Billig kommt uns teuer zu stehen. 1. Auflage. Ludwig. München 2013. Seite 18f

13 Wirtschaftswachstum als Muss? – Steht der Konsument im Kaufzwang?

In den 1950ern kam bei Strumpfhosenherstellern die Idee auf, Frauen sollten nicht nur kaputte Strümpfe austauschen, sondern mehrere verschiedene Modelle gleichzeitig besitzen. Damit fand die planmäßige psychologische Obsoleszenz Einzug in diese Branche. Schnell waren verschiedenste Muster und Farben für Strumpfhosen erfunden und wer mit der Mode gehen wollte, musste sich zu den hautfarbenen Strumpfhosen diverse andere Modelle dazukaufen. Ende der 1950er begann man auch mit der Planung diverser Farbwechsel der jeweiligen Saisonmode. So wurden Modefarben vorhergesagt, die dann in der nächsten Saison tatsächlich in Mode waren. Die Vorgehensweise ist laut Alfred DANIELS, Verkaufsleiter im New Yorker Kaufhaus *Abraham & Strauss*, denkbar einfach. Eine Richtung wird vorgegeben, öffentlich bekannte Trendsetter, die mit den zukünftigen Kleidungstrends etwas früher als der Konsument ausgestattet werden, machen die Farbe bekannt und schon ist die sie geboren.[49]

---

[49] vgl. Reuß, J. / Dannoritzer C.: Kaufen für die Müllhalde. 1. Auflage. Orange Press. Freiburg, 2013. Seite 67ff

14 Kaufen ohne Kaufkraft – Die Erfindung der Ratenzahlung

Vor jeder Neuanschaffung muss der Konsument seine Finanzen überprüfen und sich die Frage stellen, ob er ausreichend Mittel hat, um den Kauf durchführen zu können.

Die Kaufkraft in unseren Breiten nimmt aber nicht so schnell zu, wie es die Wirtschaft gerne hätte. Hersteller möchten nicht warten, bis der Kunde ausreichend Geld zusammengespart hat. Das stellt jeden Industriellen vor ein Problem, da das Angebot größer als die Nachfrage ist. Doch auch dafür wurde bereits eine Lösung gefunden: *Ratenzahlung*. Sind nicht ausreichend finanzielle Mittel vorhanden, verkauft man dem Kunden zusätzlich zum Produkt eben einen Kredit. Im Jahr 2012 basierte nahezu die Hälfte des Umsatzes des Einzelhandels in Deutschland auf Kredit- oder Ratenfinanzierungen – Tendenz steigend! Doch diese Einstellung musste dem Konsumenten erst einmal beigebracht werden. Lange galt ein Konsumkredit als unseriös. Für einen Kühlschrank, eine Fernreise, oder Markenkleidung wurde – durch Konsumverzicht – zusammengespart. Doch schon Anfang der 1960er griff die moralische Umerziehung der Konsumenten. Die Entwicklungen des Konsumkredites erläutern folgende Zahlen: Ende 2011 hatten deutsche Konsumenten knapp 230 Mrd. Euro Schulden. Laut Bankenfachverband entfielen davon 128 Mrd. auf Konsumkredite. Nur 102 Mrd. wurden für Großkredite, wie den Erwerb von Immobilien oder Ähnliches, aufgenommen.[50]

---

[50] vgl. Reuß, J. / Dannoritzer C.: Kaufen für die Müllhalde. 1. Auflage. Orange Press. Freiburg, 2013. Seite 74ff

15 Folgen des Verkaufes von Konsumgütern unter dem Wert

Da man in der Regel gerade bei Elektronikprodukten ständig am neuesten Stand sein möchte und die Produzenten jährlich neue Modelle liefern, verkürzt sich die Nutzungsdauer fortlaufend. Durch die kürzere Nutzungsdauer wird es auch vom Verbraucher akzeptiert, dass beispielsweise ein Smartphone nach zwei Jahren nicht mehr einwandfrei funktioniert und daher ausgetauscht werden muss. Die massive Ressourcenverschwendung, die dadurch betrieben wird, beeinflusst beträchtlich die Umwelt. Rohstoffe werden möglichst billig bezogen, wobei durchaus auch die Qualität darunter leidet. Auch gibt es in den Billiglohnländern keine oder nur wenig Vorschriften bezüglich Umweltschutz. Damit ist die Entsorgung von etwaigen Problemstoffen weit billiger als in den Industrieländern des Westens, und kann mit einem minimalen Aufwand bewerkstelligt werden. Leider werden auch Arbeiter ausgenutzt und oft nicht einmal Mindeststandards betreffend Arbeitssicherheit eingehalten. Daher kommt die erschreckend hohe Zahl von, zum Beispiel 1 800 Toten, die in Textilproduktionsanlagen, allein in Bangladesch, in den Jahren von 2005 bis 2013 durch Brände und Unfälle bei der Arbeit ums Leben gekommen sind. Das sind aber nur die unmittelbaren Opferzahlen. Hinzu kommen alle Krankheiten, Vergiftungen und andere Langzeitschäden, an denen Fabrikarbeiter leiden, weil die Schutzmaßnahmen von ihnen beim Hantieren mit hochgiftigen Chemikalien in keiner Weise eingehalten werden können.[51]

---

[51] vgl. Kotteder, F.: Billig kommt uns teuer zu stehen. 1. Auflage. Ludwig. München 2013. Seite 23f

16 Nachhaltiger Konsum – Was kann jeder von uns tun?

Konsum muss eine sinnvolle Befriedigung materieller Wünsche sein, nicht eine Surrogatlösung für immaterielle Bedürfnisse. Natürlich setzt dies voraus, dass man sich vorab bewusst mit den eigenen Wünschen auseinandersetzt, um dann die richtige Kaufentscheidung zu treffen.

16.1 Gebrauchtwarenbörsen

Der selbstdenkende und freie Konsument ist somit Voraussetzung für die kritische Auseinandersetzung mit dem Thema Konsum in Verbindung mit Umwelt- und Ressourcenknappheit. Es ist an der Zeit, sich bewusst mit Stoffwechselkreisläufen auseinanderzusetzen. Dabei macht es aber keinen Sinn, sich ein schlechtes Gewissen einzureden. Viel wichtiger ist es, bei kleinen Dingen des Alltags bewusste Handlungen zu setzen: Sei es Fahrgemeinschaften oder der Umstieg auf das Fahrrad bei Kurzstrecken. Auch Second Hand Märkte und Gebrauchtwarenbörsen sind eine Möglichkeit die Nutzungsdauer von Konsumgütern zu verlängern. Jeder Konsument hat unterschiedliche Bedürfnisse und nicht jeder braucht stets das neueste Produkt am Markt. Oft sind viele Dinge noch voll funktionsfähig und werden dennoch nicht mehr verwendet. Finden diese Güter auf einem Gebrauchtmarkt neue Besitzer, stellt dies eine Win-Win Situation für beide Seiten dar: Der Käufer spart Geld, der Verkäufer bekommt einen Teil vom Einkaufspreis retour, und es entsteht – durch die längere Nutzungsdauer des Produkts – ein positiver Einfluss auf die Umwelt.[52]

16.2 Gütesiegel

Eine weitere Möglichkeit sind **Gütesiegel**. Das in Österreich 2006 eingeführte Gütesiegel ONR 192102 das *„Nachhaltigkeitssiegel für reparaturfreundlich konstruierte Elektro- und Elektronik Geräte"*, sowie ein weiteres Gütesiegel der Firma HTV haben sich leider nicht verbreitet.

---

[52] vgl. Scherhorn, G. (Hrsg.): Nachhaltiger Konsum. ökom-Verl. München 2003.Seite 36ff

16.3 Sharing

Sharing ist ein Ansatz, in dem Güter kollektiv genutzt werden können. Gemeinsam genutzte Gegenstände bewirken, dass weniger davon produziert werden muss. Jeder Gartenbesitzer besitzt einen Rasenmäher, der kaum mehr als fünf Stunden im Monat genutzt wird. Bei diesen und ähnlichen Situationen ist eine Variante des Teilens naheliegend.

16.4 Regionalität

Wer auf **Regionalität** setzt, kann ebenfalls dem Verschleiß entgegenwirken. Geplanter Verschleiß funktioniert in der Regel nur verdeckt und bei anonymen Herstellern. Kennen sich Verkäufer und Käufer persönlich, wird der Anreiz für geplanten Verschleiß schwinden.[53]

16.5 Verlängerung der Nutzungsdauer

Der einfachste und direkte Weg Güter ökonomischer zu verwenden ist auf deren Nutzungsdauer Einfluss zu nehmen. Dies ist auf mehrere Arten möglich:[54]

- **Wiederverwendung** (z.B. Second Hand Shopping)
- **Reparatur** (z.B. Auswechseln eines defekten Schalters an einem Elektrogerät)
- **Wiederinstandsetzung** (z.B. Grunderneuerung bzw. Aufarbeitung)
- **Technologisches Hochrüsten** (z.B. Anpassen des Gutes an die neueste Technologie)

---

[53] vgl. Kreiß, Ch.: Geplanter Verschleiß. Europa Verlag. Wien 2014. Seite 190f
[54] vgl. Walter R. Stahel, Langlebigkeit und Materialrecycling, Vulkan Verlag Essen, Genf 1991 Seite 65

17 Zeitgerechtes Wirtschaftssystem – Ja oder Nein?

Die derzeitige Wirtschaftsordnung basiert auf Wirtschaftswachstum. Somit werden Unternehmer und Konsumenten zu geplantem Verschleiß gedrängt, da andernfalls der Konsum ins Stocken gerät. Weiters gelten die beiden Grundsätze, „unbegrenzte Eigentumsanhäufung" und „Zinseszinsen" als richtig und als Motor der Wirtschaft. Über die Exponentialfunktion führen aber diese beiden Grundsätze zwangsläufig zu immer größerer sozialer Ungleichheit. Dadurch könnte der soziale Frieden sowie das Wirtschaftssystem an sich gefährdet sein. Die Geschichte vom *„Josephspfennig"* soll dies verdeutlichen: Hätten Maria und Josef bei Ihrer Flucht nach Ägypten einen Pfennig zu einem Zinssatz von 4 % angelegt, so wäre daraus bis zum Jahr 1750 etwa ein Geldbetrag im Wert der ganzen Erdkugel aus Gold geworden. Massive Kapitalanhäufungen sind meistens nur zu Lasten anderer Menschen möglich. Hinzu kommt, dass wohlhabende Familien prozentuell weniger von Ihrem Einkommen konsumieren als arme Familien, somit sind diese in der Lage höhere Beträge zu sparen. Steigt die Ungleichverteilung, so steigt ebenso die Sparquote in dem betreffenden Land und damit das Angebot an anzulegendem Kapital.[55]

Von Geld kann man nicht leben, sondern immer nur von der Arbeit anderer Menschen.

Besitzt jemand eine Million Euro und legt dies bei einer Bank beispielsweise mit einer Verzinsung von 5% an, erhält er hierfür 50.000 € Zinsen. Von diesen Zinsen könnte derjenige seinen Lebensunterhalt bestreiten. Bei genauerer Betrachtungsweise stimmt dies jedoch nicht. Alles, was man sich von diesen Zinsen anschafft (Lebensmittel, Kleidung, das Haus, indem man wohnt, ...) müssen von anderen Menschen erarbeitet werden. In der Realität lebt man nicht von Zinsen, sondern ausschließlich von der Arbeit anderer Menschen. Je mehr Zinsen, Dividenden, Miete etc. jeder Einzelne bei seiner Geldanlage verlangt, desto mehr müssen andere Menschen für ihn arbeiten. Konkret heißt das: Die, mit diesem Geld hergestellten Güter, werden für alle anderen Menschen teurer, da die Kapitalkosten auf die Produktpreise umgelegt werden.[56]

Es stellt sich die Frage, ob das reichste Prozent der Weltbevölkerung (das reichste Prozent der US-Amerikaner hält 61% des gesamten US-Betriebskapitals) mit dem

---

[55] vgl. Kreiß, Ch.: Geplanter Verschleiß. Europa Verlag. Wien 2014. Seite 131ff
[56] vgl. Kreiß, Ch.: Geplanter Verschleiß. Europa Verlag. Wien 2014. Seite 196

meisten Vermögen überhaupt das angehäufte Geld in Kaufkraft umwandeln könnte. Vergleichbare Vermögensverteilungen findet man auch in den meisten anderen Ländern der Welt. Das soll heißen: Haben die überdurchschnittlich Wohlhabenden überhaupt etwas von Sparkonten mit nicht enden wollenden Stellen vor dem Komma?

18 Der Weg zu einem nachhaltigen Wirtschaftsmodell

Bis vor Kurzem stand Wirtschaftswachstum an oberster Stelle. Die immer kürzer werdenden Perioden der Krisen haben dies jedoch mittlerweile sehr in Frage gestellt. Ein wachsendes Bruttoinlandsprodukt sagt nichts über Lebensqualität und Zufriedenheit der Bevölkerung aus. Dennoch ist das Bruttoinlandsprodukt der Maßstab für den Fortschritt einer Volkswirtschaft. So gilt es, Wege für nachhaltige Ökonomie unter Berücksichtigung der Ökologie aufzuzeigen, um auch die, bis jetzt außer Acht gelassenen, Faktoren mit einbeziehen zu können.[57]

Auf politischer Ebene wurde dieses Problem erstmals 1992 in Rio de Janeiro im Rahmen des Umweltgipfels diskutiert. Man erkannte den Klimawandel als globales Problem und fühlte sich zum Handeln verpflichtet. Fünf Jahre später wurden daraus erstmals rechtlich verbindliche Ziele für Emissionshöchstmengen der Industrieländer festgelegt. Dass eine Trendwende stattgefunden hat, zeigen auch die Wachstumszahlen der Branche *„Umwelttechnik und Ressourceneffizienz".* Diese Branche erreichte in den letzten Jahren ein weit höheres Wachstum als prognostiziert. Diese Richtungsänderung ist aber nur möglich, wenn Gesellschaft, Wirtschaft und Staat gemeinsam an diesem Ziel arbeiten. Ein schonender Umgang mit Ressourcen und Energie hat nicht immer nur negative wirtschaftliche Auswirkungen. Durch Forschung und neue Entwicklungen ergeben sich neue Chancen und neue Märkte die ebenfalls die Wirtschaft ankurbeln können.[58]

---

[57] vgl. Annen, N.: Road Maps 2020. Campus Verlag. Frankfurt M. 2013. Seite 140f
[58] vgl. Annen, N.: Road Maps 2020. Campus Verlag. Frankfurt M. 2013. Seite 142f

19 Geplanter Verschleiß und die ungleiche Verteilung von Vermögen

Die Vorteile des frühzeitigen Ablaufes der Nutzungsdauer – nämlich höhere Gewinne über mehr Umsatz – kommen vergleichsweise wenig wohlhabenden Menschen zugute. Die intensiven Kosten und Nachteile für die Umweltbeeinträchtigung tragen jedoch Andere, wie Steuerzahler und Verbraucher. Die volkswirtschaftlichen und ökologischen Kollateralschäden stehen aber in keinem Verhältnis zu den erwirtschafteten Gewinnen.[59]

---

[59] vgl. Kreiß, Ch.: Geplanter Verschleiß. Europa Verlag. Wien 2014. Seite 134

20 Verlängerung der Nutzungsdauer als nachhaltige Lösung?

Auf den ersten Blick scheint die Lösung relativ einfach: Eine längere Nutzungsdauer führt zu geringerem Ressourcenverbrauch. Dass dies nicht immer der Fall ist, sollen folgende zwei Beispiele veranschaulichen: Ein Paar Schuhe soll, abgesehen von einer langen Nutzungsdauer, auch bequem und modisch sein. Technisch ist es möglich Schuhe zu produzieren, die 100 Jahre und länger halten. Diese wären aber äußerst unbequem, würden nicht den neuesten Modetrends folgen können und würden aller Wahrscheinlichkeit nach beim Konsumenten auf geringe Nachfrage stoßen. Bei elektronischen Geräten muss man zwischen Haushaltsgeräten und Geräten wie Laptop oder Handy unterscheiden. Während bei Handy und Laptop relativ einfach zu bewerten ist, dass eine längere Nutzungsdauer Ressourcen schont, kann dies bei Haushaltsgeräten wie beispielsweise einer Waschmaschine nicht so eindeutig gesagt werden. Grund dafür ist, dass bei Waschmaschinen 70 bis 90 % des Energiekonsums in der Nutzungsphase und nicht bei der Produktion anfallen. Durch einen Tausch mit einer neuen Waschmaschine, am Stand der aktuellsten Technologie kann Energie gespart werden. Jedoch kann man davon ausgehen, dass es bei anderen Geräten ökologisch sinnvoller ist, sie bis zum Ende der technischen Lebensdauer zu verwenden.[60]

---

[60] vgl. Scherhorn, G. (Hrsg.): Nachhaltiger Konsum. ökom-Verl. München 2003. Seite 18ff

21 Wie wirkt sich eine längere Nutzungsdauer auf die Gesamtwirtschaft aus?

Verlängert man die Nutzungsdauer von Konsumgütern ist von folgenden Aspekten auszugehen: [61]

- Durch Nutzungsdauerverlängerung werden natürliche Ressourcen geschont. Dies kann zu einer langfristigen Senkung des Ressourcenverbrauches führen. Dadurch könnte sich eine größere Unabhängigkeit eines Staates von Rohstoffimporten aus anderen Ländern ergeben. Dieser Vorteil wird mit zunehmender Verknappung der Ressourcen in Zukunft an Bedeutung zunehmen.

- Eine längere Nutzungsdauer könnte es den Unternehmen ermöglichen, Einsparungen bei Marketing und Werbung vorzunehmen, da die Produkte eine längere Zeit verwendet werden. Somit könnte ein tatsächlicher Mehrwert generiert, statt nur kommuniziert werden.

- Wohin sich die finanziellen Mittel verteilt, wenn seltener Konsumgüter angeschafft werden, kann nicht eindeutig gesagt werden. Werden die Produkte längerfristig teurer, da sie hochwertigere Qualität aufweisen, kann keine klare Aussage bezüglich des Umsatzes von Unternehmen getroffen werden. Anzunehmen ist jedoch, dass zumindest ein Teil der Kosteneinsparungen der Konsumenten für Dienstleistungen aufgewendet werden. Dadurch würde der Dienstleistungssektor – der in Österreich immerhin knapp 70% der gesamtwirtschaftlichen Leistung ausmacht – profitieren.

---

[61] vgl. Scherhorn, G. (Hrsg.): Nachhaltiger Konsum. ökom-Verl. München 2003. Seite 25

22 Rohstoffgewinnung 2.0

Wie bereits erwähnt ist es eine Tatsache, dass die natürlichen Ressourcen aufgrund unseres momentanen Konsumverhaltens schneller abgebaut werden als sie nachwachsen können. Da es aber noch dauern wird, bis das Ausmaß sichtbar wird, will die heutige Menschheit dieses Problem noch nicht wahrhaben.

Betreffend Material und Energieverbrauch sind die heutigen Industriemodelle äußerst ineffizient und nur in Bezug auf Kosten optimiert. Wichtig ist eine Steigerung der Ressourcenproduktivität. Der *"Faktor 10 Club"* veröffentlichte 1994 eine Erklärung, dass es möglich wäre, die Ressourcenproduktivität innerhalb von 50 Jahren um das zehnfache zu steigern. Neben Vermeidung von unnötiger Verpackung und geringerem Materialverbrauch bei gleicher Stabilität (Leichtbauweise) könnten folgende Punkte effektiv zur Erreichung dieses Ziels eingesetzt werden:[62]

- Lebensdauerverlängerung der Produkte,
- Reparierbarkeit der Produkte,
- Recyclingfähigkeit der eingesetzten Materialien,
- Moderne Bauweise zur Anpassung an den technischen Fortschritt,
- Änderung von Konsummustern und Geschäftsmodellen, zum Beispiel: Produkt-Dienstleistungssysteme, Sharing Modelle

Selbst hier können positive Beispiele erwähnt werden, wenngleich die Ressourcenschonung nicht das wichtigste Ziel war:[63]

- Digitale Musik macht Plastikkasetten, CD's und Schallplatten überflüssig,
- Flachbildschirmfernseher ersetzten große Röhrenbildschirme.

Das Thema Recycling wird ebenfalls an Bedeutung gewinnen. Je aufwendiger es wird Rohstoffe abzubauen, desto rentabler wird es werden, bereits gebrauchte Materialien zu recyceln.

---

[62] vgl. Leonard, A.: The Story of Stuff. Econ Verlag. Berlin 2010. Seite 95f
[63] vgl. Leonard, A.: The Story of Stuff. Econ Verlag. Berlin 2010. Seite 97f

22.1 Recyclinggerechtes Konstruieren

Soll Wiederverwertung und Recycling vorangetrieben und verstärkt werden, muss dies schon bei der Produktion von Gütern berücksichtigt werden. Wird schon bei der Planung von Produkten einkalkuliert, wie die Stoffe nach dem Gebrauchszeitraum weiterverwendet werden, können zudem Kosten gespart werden. Dadurch könnte sich letztlich trotz höherer Produktionskosten ein Kostenvorteil ergeben. Folgende Recyclingkreislaufarten können unterschieden werden:[64]

- **Produktionsabfall-Recycling**

  Produktionsabfälle werden in einen neuen Produktionsprozess rückgeführt. Diese Art des Recyclings liegt in der Verantwortung des Produzenten. Durch innovative Ideen sind durchaus auch Kostenersparnisse zu erzielen.

- **Produktgebrauchsrecycling**

  Ein gebrauchtes Produkt wird neu verwendet. Ziel ist es, ein Produkt nicht nach einem Verwendungszyklus zu vernichten, sondern mehrere Zyklen durchzulaufen zu lassen.

- **Altstoff- bzw. Materialrecycling**

  Auch wenn das Produkt mehrere Zyklen durchläuft, ist irgendwann das Ende der Nutzungsdauer erreicht. Zu diesem Zeitpunkt gilt es Bauteile auszubauen und weiterzuverwenden beziehungsweise einzelne Werkstoffe zu trennen, um diese wiederverwenden zu können. Einem effizienten Recycling kommt es ebenso zugute, wenn verträgliche Werkstoffkombinationen verwendet werden, beziehungsweise auf eine leichte Zerlegbarkeit der einzelnen Bauteile geachtet wird.

- Diverse **Leasingvarianten** können ebenfalls eine Form des Recyclings darstellen. Der jeweilige Kunde muss dadurch nicht neue Produkte kaufen, sondern kann revidierte, neu gewartete Produkte leasen, und diese wieder zurückgeben, falls kein Bedarf mehr besteht.[65]

---

[64] vgl. Hornbogen, E.: Recycling. Springer Verlag. Berlin 1993. Seite 61
[65] vgl. Hornbogen, E.: Recycling. Springer Verlag. Berlin 1993. Seite 72

23 Exkurs: WKO Studie zur tatsächlichen Nutzungsdauer

Zeitgleich gab die WKO eine Studie heraus, bei deren Umfrage auffallend war, dass nur ein sehr geringer Anteil der Befragten „Sehr zufrieden" mit der Lebensdauer von Konsumgütern ist. Die Umfrage kommt zu einem vergleichbaren Ergebnis wie die Befragung der Studenten: Es gibt einen direkten Zusammenhang zwischen Ausbildungsgrad und Zufriedenheit mit der Nutzungsdauer von Produkten. In Abbildung Nummer 4 ist erkennbar, dass „Gebrauchsgüter" wie Kühlschrank und Küchenherd die längste Nutzungsdauer haben. Smartphones werden – wie schon erwähnt – bereits nach einer etwa zweijährigen Nutzungsdauer getauscht.[66]

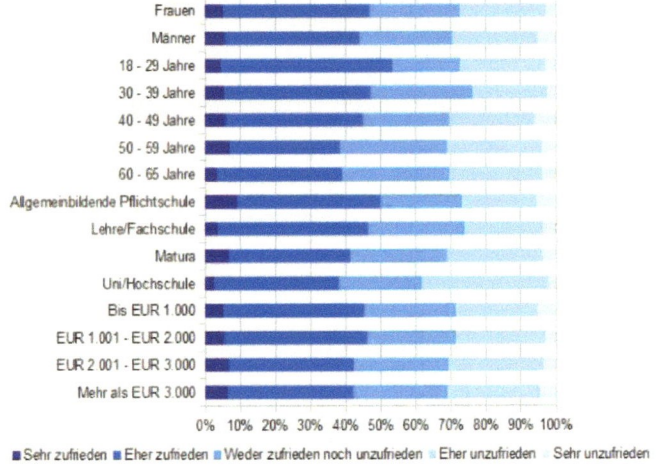

Abbildung 5 „Wie zufrieden sind Sie mit der Lebensdauer von Gebrauchsgütern im Allgemeinen?"[67]

---

[66] vgl. „Die Nutzungsdauer und Obsoleszenz von Gebrauchsgütern im Zeitalter der Beschleunigung, AK Wien, Mai 2015, Seite 35ff
[67] Die Nutzungsdauer und Obsoleszenz von Gebrauchsgütern im Zeitalter der Beschleunigung, AK Wien, Mai 2015, Seite 38

Exkurs: WKO Studie zur tatsächlichen Nutzungsdauer

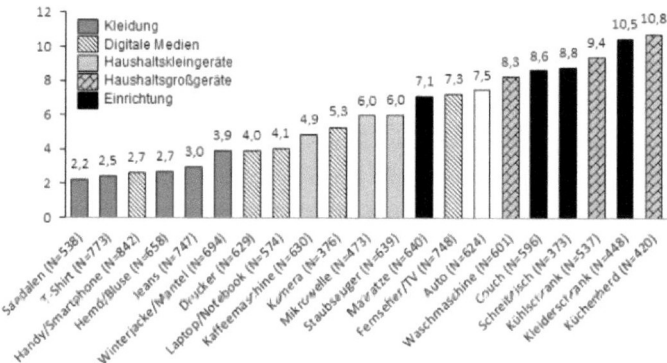

Abbildung 6: Wie lange benutzen Sie die folgenden Produkte normalerweise, bevor Sie diese ablegen/abstellen weitergeben oder entsorgen?[68]

---

[68] Die Nutzungsdauer und Obsoleszenz von Gebrauchsgütern im Zeitalter der Beschleunigung, AK Wien, Mai 2015, Seite 34

24 Henry Ford und sein „Model T" - Eines der ersten Opfer moderner geplanter Obsoleszenz

Eines der ersten Beispiele wirtschaftlicher geplanter Obsoleszenz ist das „Model T" von Henry FORD, der ein solides, langlebiges Fahrzeug produzieren wollte. Als begeisterter Techniker stand für Ihn nicht Gewinn sondern Qualität im Vordergrund. Durch diese Überzeugung erreichte Ford mit seinem Fahrzeug in den USA einen Marktanteil von über 60%. Fords größter Konkurrent war GENERAL MOTORS. Der damalige Manager von GM vertrat eine andere Meinung. Sein Ziel war es, durch neue Technologie, Design und neue Modelle einen Wettbewerbsvorteil zu schaffen. Dies gelang ihm auch eindrucksvoll. Durch eine Weiterentwicklung des Fahrzeuges vom bloßen Fortbewegungsmittel hin zu einem Produkt, welches einen gewissen Lebensstil ausdrückt, nahm GM Ford die Hälfte der Marktanteile weg. Schließlich wurde die Produktion sogar eingestellt.

Im einflussreichen amerikanischen Werbemagazin „Printers' Ink" wurde zum damaligen Zeitpunkt getitelt: „Ein Artikel, der nicht verschleißt, ist eine Tragödie fürs Geschäft".[69]

Anhand dieses Beispiels kann man erkennen, dass das Wecken von Bedürfnissen beim Konsumenten mehr Wert ist, als bloße Zuverlässigkeit oder Langlebigkeit eines Produktes.

---

[69] Reuß, J. / Dannoritzer C.: Kaufen für die Müllhalde. 1. Auflage. Orange Press. Freiburg, 2013. Seite 29

25 Warum halten Produkte kürzer als früher?

Gesättigte Märkte ergeben ein Problem: Wachstum in herkömmlichen Sinn ist nicht mehr möglich. Somit versuchen viele Produzenten zum einen Kosten zu senken und billigere Rohstoffe zu verwenden und zum anderen ihren Absatz mittels anderen Möglichkeiten zu steigern. Die Verkürzung der Lebensdauer eines Produktes sollte für den Konsumenten nicht offensichtlich erkennbar sein. So versucht also jeder Produzent, billigere Waren herzustellen. Sollte einer dabei nicht mitziehen, kann er seine Ware nur teurer als die der Konkurrenten anbieten, was für den Konsumenten im Vergleich nachteilig wirkt. Jeder einzelne Marktteilnehmer entscheidet sich individuell für seine beste Alternative. Dadurch entsteht für die Allgemeinheit eine subideale Lösung. Als Beispiel kann ein Konzertbesuch herangezogen werden: Für den einzelnen Konzertbesucher macht es Sinn – um sich die Sicht zu verbessern – statt am Sessel zu sitzen aufzustehen. Jedoch müssten die Besucher dahinter ebenfalls aufstehen. Dies würde dazu führen, dass am Ende alle Konzertbesucher stehen und somit die Situation für jeden Einzelnen verschlechtert wäre. Somit wäre diese Lösung für das Individuum von Vorteil, jedoch für das Kollektiv nicht. Folgende Faktoren begünstigen geplante Obsoleszenz:[70]

- Gesättigte Märkte,
- Intransparente Märkte,
- Starke Gewinnorientierung der Hersteller,
- Ethisch moralische Einstellung der Manager.

Wenn Gewinnmaximierung und kurzzeitiger Profit im Vordergrund stehen, kann es zu Fehlentscheidungen für das Kollektiv kommen. Entscheidungen müssen in Zukunft aber nachhaltiger getroffen werden, da derzeit mehr Ressourcen gebraucht werden, als reproduziert werden können.

---

[70] vgl. http://www.murks-nein-danke.de/blog/download/Studie-Obsoleszenz-aktualisiert.pdf, Seite 8f Stand 12.06.2015

26 Fragebogenauswertung

Methodik der Befragung

Die 110 Fragebögen stammen aus Vorlesungen von Frau Mag. Dr. Eva Waginger aus den Jahren 2014 und 2015. In diesen Vorlesungen wurden Studenten gebeten jeweils sechs bis acht Bekannte zum Thema „geplante Obsoleszenz" zu befragen. Die Fragen bestehen sowohl aus offenen als auch aus geschlossenen. Bei den offenen Fragen wurden die Antworten in jeweils passende Kategorien zusammengefasst. Auffällig bei der Stichprobe der Befragten war eine große Anzahl an Studenten. 44% der Befragten haben als Haupttätigkeit angegeben, aktuell zu studieren. Es wurden keinerlei Vorgaben bezüglich der zu interviewten Personen gestellt. Die Befragung ist daher wenig repräsentativ, gibt aber dennoch einen Einblick in vorherrschende Meinungen und Reaktionen zu geplanter Obsoleszenz. Es konnte – aufgrund der großen Anzahl der Teilnehmer – dennoch ein guter Durchschnitt zur Auswertung herangezogen werden:

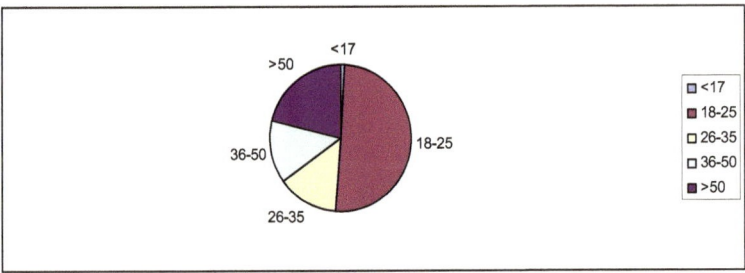

Abbildung 7: Verteilung der Teilnehmer nach Alter[71]

Ersichtlich ist, dass 60% der Befragten in die Altersklasse 18 bis 25 Jahre eingereiht werden können. Weiters sind 46% der Befragten männlich, 54% weiblich.

---

[71] Eigene Auswertung

26.1 Haben Sie schon von geplanter Obsoleszenz gehört?

Auf die Frage: „Haben Sie schon von geplanter Obsoleszenz gehört?", haben 58% mit „Ja" geantwortet. Anbei eine Aufteilung zu einzelnen Gruppen:

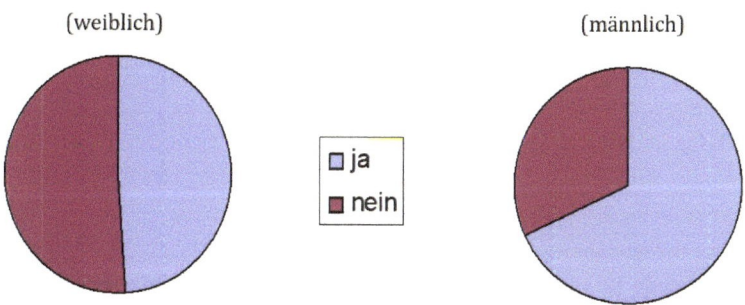

Abbildung 8: Haben Sie schon von geplanter Obsoleszenz gehört? (Geschlecht)[72]

87% der Personen, die diese Frage mit „Ja" beantwortet haben, gaben im Anschluss an, bereits persönlich mit diesem Thema Erfahrungen gemacht zu haben. Der Ausbildungsgrad der Befragten spielt ebenfalls eine Rolle. So geben 63% der Befragten mit abgeschlossenem Studium oder Matura an, schon von geplanter Obsoleszenz gehört zu haben. Bei den Befragten mit Fachschul-, Lehr-, oder Pflichtschulabschluss sind es 37%.

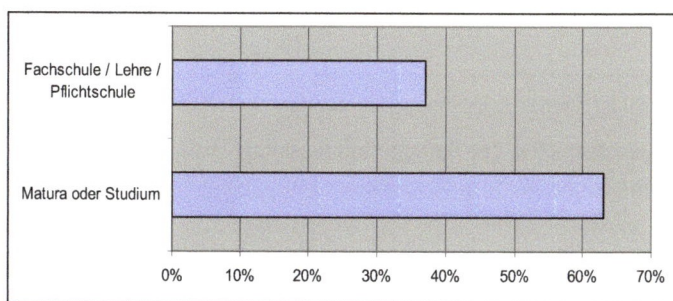

Abbildung 9: Haben Sie schon von geplanter Obsoleszenz gehört (Ausbildung)[73]

Eine weitere Betrachtung ist die Aufteilung nach Berufen. 100% der befragten Personen war der Begriff „Geplante Obsoleszenz" geläufig. Rund 67% der Studenten

---

[72] Eigene Auswertung
[73] Eigene Auswertung

hatten den Begriff schon einmal gehört und auch rund 51% der Angestellten konnten die Frage positiv beantworteten.

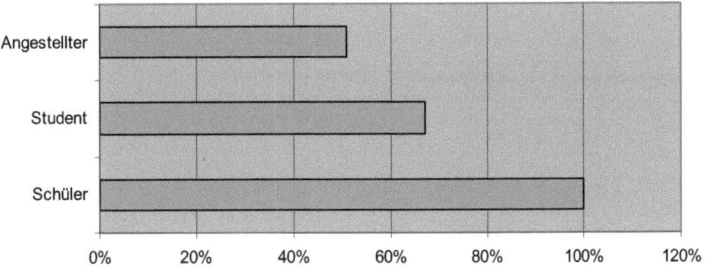

Abbildung 10: Haben Sie schon von geplanter Obsoleszenz gehört (Beruf)[74]

Klar ist auch ersichtlich, dass geplante Obsoleszenz in der Stadt am meisten verbreitet ist. Rund 70% der Befragten, die angeben in der Stadt zu wohnen, stehen nur rund 40% aus ländlicher Gegend stammender Befragter gegenüber.

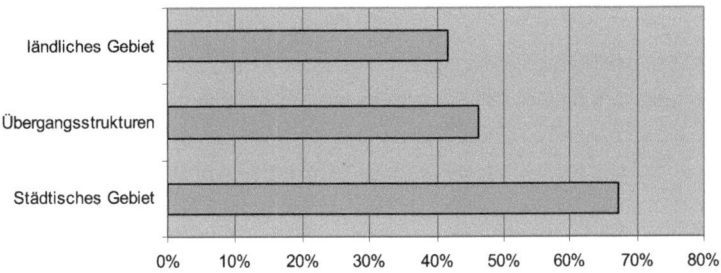

Abbildung 11: Haben Sie schon von geplanter Obsoleszenz gehört (Wohngebiet)[75]

87% der Befragten, die angegeben haben geplante Obsoleszenz erklären zu können, haben bereits persönlich damit Erfahrung gemacht. 94% der befragten Personen haben bereits Erfahrung mit geplanter Obsoleszenz gemacht, wohingegen nur 74% der Angestellten diese Frage positiv beantwortet haben.

---

[74] Eigene Auswertung
75 Eigene Auswertung

26.2 Wie geht der Konsument mit geplanter Obsoleszenz um?

Auf die Frage: „Wie haben Sie reagiert, nachdem das Produkt kaputt gegangen ist?" haben 74% der Befragten „Ärger" angegeben. Weiteren 8% war dies gleichgültig, Der Rest der Befragten machte dazu keine Angaben.

Zu folgenden Handlungsschritten haben sich die Befragten entschieden, die bereits Erfahrung mit geplanter Obsoleszenz gemacht haben:

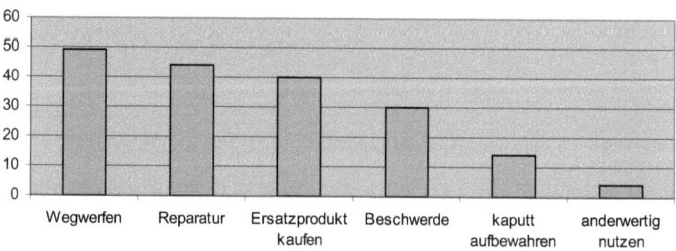

(Mehrfachantwort möglich)
Abbildung 12: Wie geht der Konsument mit geplanter Obsoleszenz um? (allg)[76]

Nur 37,5% der Befragten, die Ärger als emotionale Reaktion auf geplante Obsoleszenz angegeben hatten, gaben auch an, sich zu beschweren. Die große Mehrheit, nämlich 62,5% der Befragten, ärgerte sich zwar über diesen Umstand, beschwerte sich jedoch nicht. Die wenigen Händlerbeschwerden wurden zu 40% freundlich erledigt.

27% der befragten Konsumenten gaben an, nicht zufrieden und eher ablehnend behandelt worden zu sein. Drucker und Mobiltelefon sind mit Abstand die zumeist genannten Produkte, mit denen Konsumenten mit geplanter Obsoleszenz in Kontakt gekommen sind. Oft wurden auch Netzgeräte von diversen Elektrogeräten genannt.

---

[76] Eigene Auswertung

26.3 Worin sehen Sie die Ursache für geplante Obsoleszenz?

Unterteilung nach Gebiet

Ländliches Gebiet:

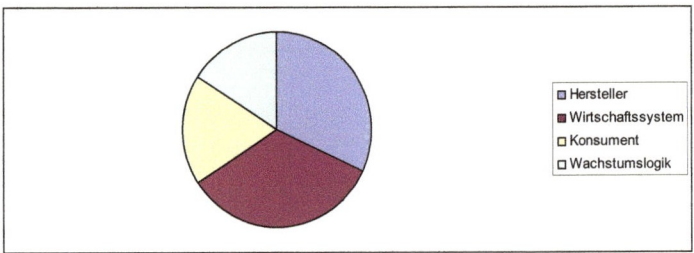

(Mehrfachantwort möglich)
Abbildung 13: Worin sehen Sie die Ursachen für geplante Obsoleszenz? (ländl. Gebiet)[77]

Städtisches Gebiet:

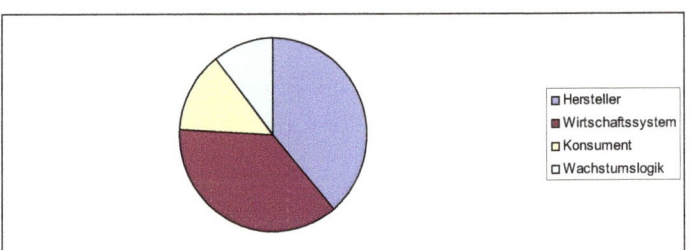

Abbildung 14: Worin sehen Sie die Ursachen für geplante Obsoleszenz? (städt. Gebiet)[78]

Ländliches Gebiet:

Hersteller	58,33%
Wirtschaftssystem	62,50%
Konsument	33,33%
Wachstumslogik	29,17%

Tabelle 3: Ländliches Gebiet[79]

---

[77] Eigene Auswertung
[78] Eigene Auswertung
[79] Eigene Auswertung

Fragebogenauswertung

Städtisches Gebiet:

Hersteller	65,57%
Wirtschaftssystem	62,30%
Konsument	23,00%
Wachstumslogik	18,00%

Tabelle 4: Städtisches Gebiet[80]

Welchen Grund die Befragten für geplante Obsoleszenz angegeben haben, ist grundsätzlich im ländlichen, sowie städtischen Gebiet ähnlich. Es ist jedoch erkennbar, dass die ländliche Bevölkerung eher den Konsumenten mit in die Pflicht nimmt – hat doch jeder Dritte ländliche Bewohner angegeben, dass auch der Konsument bei diesem Thema eine Rolle spielt. Ebenfalls um circa 10% mehr Nennungen hat die ländliche Bevölkerung der Wachstumslogik gegeben. Circa zwei Drittel der Bewohner von Städten haben angegeben, dass der Hersteller Schuld an geplanter Obsoleszenz trägt. Die Bewohner von ländlichen Gebieten haben dies nur zu circa 58% genannt. Aus diesen Angaben kann man ableiten, dass Bewohner von ländlichen Gebieten eher den Konsumenten selbst in die Pflicht nehmen, als dies bei Bewohner der Stadt der Fall ist.

Aufteilung nach Bildungsgrad

Studium oder Matura

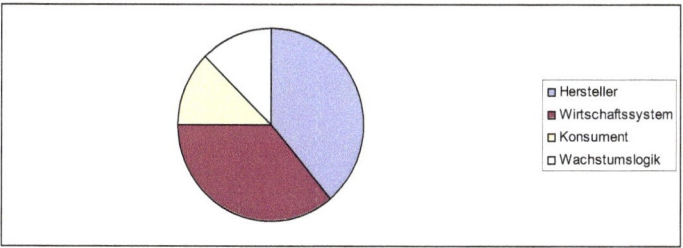

Abbildung 15: Worin sehen Sie die Ursachen für geplante Obsoleszenz? (Studim/Matura)[81]

---

[80] Eigene Auswertung
[81] Eigene Auswertung

Lehre, Pflichtschule, Fachschule

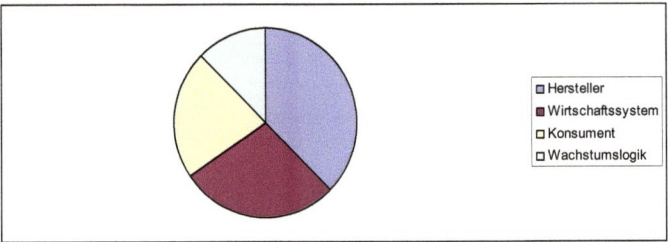

Abbildung 16: Worin sehen Sie die Ursachen für geplante Obsoleszenz? (Lehre)[82]

Hersteller	58,33%
Wirtschaftssystem	62,50%
Konsument	33,33%
Wachstumslogik	29,17%

Tabelle 5: Studium oder Matura[83]

Hersteller	63,63%
Wirtschaftssystem	59,09%
Konsument	20,45%
Wachstumslogik	20,45%

Tabelle 6 Lehre, Pflichtschule, Fachschule[84]

Befragte Personen mit einer Lehre, Pflichtschule oder Fachschule als höchsten Ausbildungsgrad geben hauptsächlich dem Hersteller die Schuld an geplanter Obsoleszenz. Ähnlich hohe Nennungen hat das Wirtschaftssystem als Grund des Problems.

Bei den Teilnehmern mit Matura oder abgeschlossenem Studium liegt das Wirtschaftssystem als Problem an erster Stelle. Jeder Dritte dieser Gruppe hat angegeben, dass Wirtschaftswachstum in direktem Zusammenhang mit geplanter Obsoleszenz steht.

---

[82] Eigene Auswertung
[83] Eigene Auswertung
[84] Eigene Auswertung

26.4 Was kann als einzelner Konsument unternommen werden?

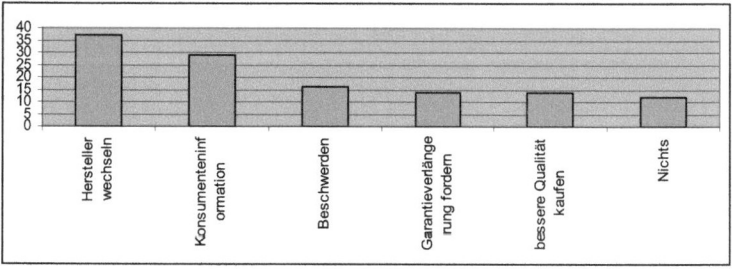

Abbildung 17: Was kann als einzelner Konsument unternommen werden?[85]

37% der Befragten gehen offensichtlich davon aus, dass geplante Obsoleszenz vom Hersteller beeinflussbar ist und das Wechseln des Herstellers ein wirksames Mittel dagegen sei.

Weitere 29% sind der Meinung, dass man sich vor dem Kauf informieren sollte um sich auf diesem Wege für langlebige Güter zu entscheiden und so der geplanten Obsoleszenz auszuweichen.

Jeweils rund 15% sind der Meinung, dass bessere Qualität zu kaufen, sich zu beschweren oder Garantieverlängerung zu fordern eine sinnvolle Maßnahme gegen geplante Obsoleszenz sei.

Immerhin jeder 9. Befragte ist der Meinung, dass der Konsument dem Phänomen machtlos ausgeliefert ist.

26.5 Was kann von Gesetzeswegen getan werden?

Auch von Gesetzeswegen ist es möglich geplanter Obsoleszenz entgegen zu wirken.

---

[85] Eigene Auswertung

Die Tabelle zeigt die Aufteilung (mehrfach Antworten möglich) zur Frage:
Was kann von Gesetzeswegen getan werden?

Qualitätskennzeichnungen	29,09 %
Angaben der Produktlebensdauer	29,09 %
strengere Gesetze	27,27 %
Nichts	3,63 %
Kontrollen	1,81 %
Konsument mehr Macht geben	1,00 %

(Mehrfachantworten möglich)
Tabelle 7: Was kann von Gesetzeswegen getan werden?

Geplante Obsoleszenz hat weitreichende Folgen. Die heutige Konsum- und Wegwerfgesellschaft hat sich an dieses Phänomen längst gewöhnt. Mittlerweile gehört es beispielsweise zum Standard, dass man sein Mobiltelefon unter zwei Jahren Nutzungsdauer austauscht. Angesprochen auf die Folgen von geplanter Obsoleszenz bietet folgendes Diagramm Informationen:

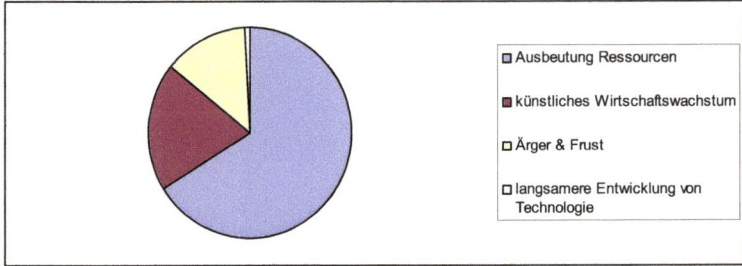

Abbildung 18: Welche Folgen hat geplante Obsoleszenz?

Ungefähr 64% geben an, dass dadurch eine Ausbeutung von Ressourcen stattfindet. Dies muss jedoch in größerem Rahmen gesehen werden. Es geht sowohl um Abbau und Raubbau von Rohstoffen als auch um die Endlagerung von Problemstoffen und sonstigem anfallenden Müll beziehungsweise die voranschreitende Verschmutzung von Ozeanen und anderen Teilen der Erdoberfläche. (Künstliches Wirtschaftswachstum: 19,01%; Ärger und Frust: 12,73%).

26.6 Welche Kriterien beachten Sie wenn Sie kaufen? (offene Frage)

Qualität ist für ca. 50% der Befragten wichtig. 58% geben an, dass der Preis ein wichtiges Entscheidungskriterium ist. Der Konsument möchte „gefühlte" gute Qualität kaufen. Ob bei diesem Produkt Schwachstellen eingebaut sind oder nicht, kann jedoch meistens nicht beurteilt werden.Langlebigkeit von Konsumgütern als Kriterium beim Kauf fällt nur sehr wenigen Konsumenten ein – ein Zeichen dafür, dass sich Konsumenten bis zu einem gewissen Grad an die kurze Lebensdauer von Gütern gewöhnt haben.

Beim Kauf langlebiger Gebrauchsgüter verlassen sich 77% auf die Erfahrungswerte von Freunden und Bekannten. Energieverbrauch und Internet in jeglicher Form spielen ebenfalls eine große Rolle (Internet: 68%, Energieverbrauch: 52%).Arbeiterkammer und Wirtschaftskammer als Informationspool spielen nur eine untergeordnete Rolle und werden nur von einem vernachlässigbaren Anteil der Konsumenten verwendet.

27 Fazit und Zusammenfassung

Geplante Obsoleszenz hat in der Zeit der Industrialisierung beim Konsumenten Einzug gehalten. Immer mehr ist der ursprünglich wertschätzende Umgang mit Konsumgütern und Ressourcen zurück gegangen. Hat der Konsument früher noch Artikel gekauft, die er zum täglichen Leben brauchte, inszeniert man sich selbst heute über das Konsumverhalten. Die Langlebigkeit von Konsumgütern musste modischen Designs weichen. Es stellt sich die Frage, ob diese Entwicklung aber vom Konsumenten so überhaupt gewünscht ist. In den vergangenen Jahren machte es den Eindruck. Denn viele Güter wurden nur getauscht, da eine neue Version auf den Markt gekommen ist. Nimmt man als Beispiel das Smartphone, so war es üblich - automatisch alle zwei Jahre - oder in noch kürzeren Intervallen ein neues Modell anzuschaffen. Und das unabhängig davon ob das alte Modell noch funktionstüchtig gewesen wäre.Mittlerweile findet jedoch ein gewisses Umdenken statt. In der Umfrage gibt die Mehrheit der Befragten an, bereits mit geplanter Obsoleszenz konfrontiert worden zu sein. Jedoch hat gleichzeitig der Großteil angegeben, nichts dagegen zu unternehmen, außer das Produkt wegzuwerfen. Angesichts der, in dieser Arbeit diskutierten, Auswirkungen von geplanter Obsoleszenz auf die Umwelt und die zunehmende Sensibilität der Bevölkerung, besteht die Hoffnung, dass sich dies in Zukunft ändern wird. Und schon heute kann man erste Trends in die entgegengesetzte Richtung feststellen. Fakt ist jedoch, dass eine Änderung der Richtung nur möglich ist, wenn Staat, Wirtschaft sowie Bevölkerung gemeinsam und unterstützend agieren. Ein Ressourcen ausbeutender Lebensstil ist in Hinblick auf uns folgende Generationen schlichtweg nicht mehr vertretbar. Wir befinden uns derzeit in einem neuen Zeitalter des Konsums. Galt es doch in der Nachkriegszeit Grundbedürfnisse zu befriedigen, leben wir mittlerweile in einem Wohlstand, der ein Streben nach Luxusgütern und Ansehen durch das Besitzen dieser möglich macht. Dass dieser grenzenlose Konsum kaum glücklicher macht, wurde in dieser Arbeit ebenfalls thematisiert. Viel wichtiger und vor allem sinnvoller ist es, Käufe kritisch zu hinterfragen und sich nicht durch Werbeslogans leiten zu lassen. Selbstverständlich ist es nicht einfach dem zu entkommen, sondern vielmehr gilt es sie kritisch zu filtern. Der Marketingbereich hat längst alle Medien und viele Bereiche unseres Lebens als Bühne für Ihre Botschaften erkannt. Nichtsdestotrotz ist der Titel dieser Arbeit „Der **mündige** Konsument trifft auf geplante Obsoleszenz". Daher bin ich zuversichtlich, dass ein weiteres Umdenken in Zukunft stattfinden und so ein Leben auf diesem Planeten für viele weitere Generationen möglich sein wird. Da der Konsument schlussendlich bei jedem Kauf selbst ins Regal greift, besteht bei jeder Anschaffung die Möglichkeit aufs Neue, auf ein vielleicht etwas teureres, dafür aber ökologischeres und nachhaltigeres Produkt zurückzugreifen. Zuletzt sollte jeder Einzelne hinterfragen, welche Güter tatsächlich für sein glückliches und zufriedenes Leben notwendig sind. Kommt man zu der Erkenntnis, dass das zwanzigste Paar Schuhe langfristig nicht zu einem vollkommenen Leben beiträgt, hat man die Möglichkeit diese Ausgaben einzusparen.

Stellt sich diese Erkenntnis bei mehreren Produkten ein, würde man unter Umständen vielleicht sogar mit weniger Einkommen auskommen könne und hätte dadurch die Möglichkeit aus dem „Hamsterrad" zumindest mit einem Fuß auszusteigen und so die Wichtigkeiten auf die lebenswerteren Dinge, wie soziale Kontakte, zu lenken.

Literaturverzeichnis

ANNEN, Niels: Road Maps 2020. Wege zu mehr Gerechtigkeit Nachhaltigkeit und Demokratie. Campus Verlag. Frankfurt M. 2013.

HEINE, Christian: Die psychische Veralterung von Gütern. Wesen, Ursachen, absatzwirtschaftliche Konsequenzen. Lorenz Spindler Verlag. Nürnberg 1968.

KATONA, George: Die Macht des Verbrauchers. 1. Auflage. Econ Verlag. Düsseldorf 1962.

KOLLMANN, Karl (Hrsg.) / SCHMUTZER E. A. Manfred: Mächte des Marktes. Verlag Österreich. Wien 2007.

KOTTEDER, Franz: Billig kommt uns teuer zu stehen. Das skrupellose Geschäft der globalisierten Wirtschaft. Ludwig. München 2013.

KREISS, Christian: Geplanter Verschleiß. Wie die Industrie uns zu immer mehr und immer schnellerem Konsum antreibt. Europa Verlag. Wien 2014

KÜHLING, Jan: Nachhaltiger Konsum und individuelle Konsumwahl. Eine Analyse umweltfreundlichen Konsumverhaltens. Metropolis Verlag. Markburg 2014.

LABUDE, Christoph: Wie entscheiden Kunden wirklich?. Mit dem Wissen des Neuromarketings zu mehr Erfolg im Betrieb. 1. Auflage. Linde. Wien 2008.

LAYARD, Richard: Die glückliche Gesellschaft. Was wir aus der Glücksforschung lernen können. 2. Auflage. Campus Verlag. Frankfurt M. 2009.

LEONARD, Annie / CONRAD, Ariane: The Story of Stuff. Wie wir unsere Erde zumüllen. Econ. Berlin 2010.

REUSS, Jürgen / DANNORITZER Cosima: Kaufen für die Müllhalde: Das Prinzip der geplanten Obsoleszenz. 1. Auflage. Orange-Press. Freiburg 2013.

SCHERHORN, Gerhard (Hrsg.): Nachhaltiger Konsum. Auf dem Weg zur gesellschaftlichen Verankerung. ökom-Verl. München 2003.

STAHEL, R. Walter: Langlebigkeit und Materialrecycling. Strategien zur Vermeidung von Abfällen im Bereich der Produkte. Essen Vulkan Verlag. Genf 1991.

Internetquellen

GREGORY, Paul: A Theory of Purposeful Obsolescence, North Carolina 1947 http://www.jstor.org/stable/1052870, abgerufen am 20.05.2016

PRAKASH, Siddharth / DEHOUST, Günther / GSELL, Martin / SCHLEICHER Tobias: Einfluss der Nutzungsdauer von Produkten auf ihre Umweltwirkung: Schaffung einer Informationsgrundlage und Entwicklung von Strategien gegen „Obsoleszenz" https://www.umweltbundesamt.de/sites/default/files/medien/378/publikationen/texte_11_2016_einfluss_der_nutzungsdauer_von_produkten_obsoleszenz.pdf, abgerufen am 13.06.2016

SCHRIDDE, Stefan: Geplante Obsoleszenz. http://www.murks-neindanke.de/blog/download/Studie-Obsoleszenz-aktualisiert.pdf, abgerufen am 12.06.2015

STAHEL, R. Walter: Ausstieg aus der Wegwerfgesellschaft durch eine Rückbesinnung auf die Nachhaltigkeit, http://www.productlife.org/files/ZU%2023.03%20Stahel%20Version%20PLI%20june12.pdf, abgerufen am 15.05.2016

Film: Kaufen für die Müllhalde – Das Prinzip der geplanten Obsoleszenz https://www.youtube.com/watch?v=Yw9PElhyhDE, abgerufen am 28.12.2015